De l'angoisse à l'harmonie

Explorez l'existence par la Sophrologie

Patricia Penot

De l'angoisse à l'harmonie

Explorez l'existence par la Sophrologie

© *2019 Patricia Penot*

Édition : BoD - Books on Demand
12/14 rond-point des Champs Elysées
75008 Paris
Imprimé par BoD – Books on Demand, Norderstedt
*ISBN : 978-2-**3220-1918-2***
Dépôt légal : ***05-2019***

Chaque instant devient une magie, à partir du moment où l'on est capable de s'ouvrir à cette magie…

A ma famille d'âmes

Chapitre I

Le déclic

Blottie au fond de son lit, Abigaëlle ouvrit les yeux en s'étirant péniblement. Elle avait mal dormi. Pourtant, la soirée d'hier avec Sophie, une de ses meilleures amies, avait été agréable. Elles avaient dîné sur le balcon de son appartement, au troisième étage, sous une pleine lune magnifique, dans cet immeuble de la ville de Fontainebleau.

Ce matin, se tournant et retournant dans son lit, Abigaëlle se sentait intérieurement agitée. Était-ce les échanges avec son amie qui faisaient tout remonter à la surface ? Elle savait qu'elle était une éternelle angoissée. Depuis toute petite, elle se posait déjà dix mille questions sur son avenir. Elle aurait tant aimé pouvoir contrôler le futur, en faire quelque chose de sûr et de prévisible. Son passé ne la réjouissait pas non plus. Elle préférait ne pas en parler, pour ne pas raviver de mauvais souvenirs. Dans son idée, elle trouvait plus simple de l'oublier.

Elle savait manquer de confiance en elle, ce qui l'incitait, lorsqu'elle était en public, à se replier sur elle-même. Quand elle doutait, elle se plongeait dans la lecture d'ouvrages philosophiques. Ils parlaient souvent de l'amour de soi, de l'importance de reconnaître sa valeur personnelle, de s'estimer pleinement. Elle avait bien compris qu'il était important de s'aimer, mais elle pensait qu'elle ne saurait jamais le faire, puisque, d'après elle, elle n'avait jamais appris à le faire.

Abigaëlle avait envie de réaliser tant de choses dans sa vie, très consciente qu'on n'a qu'une seule vie. Une phrase que sa mère disait toujours revenait systématiquement lorsqu'elle commençait à laisser ses rêves et ses désirs s'exprimer : « On ne peut pas faire tout ce que l'on veut dans la vie, ma chérie ! ». Elle avait ainsi appris à privilégier ce qui rassure, ce qui sécurise, sans jamais oser faire d'incroyables choses.

Elle connaissait ses blocages récurrents. Parfois, elle avait l'impression d'être devant un immense mur qu'elle ne pourrait jamais dépasser. Elle savait qu'elle avait mis de côté certains de ses rêves, comme celui d'être une artiste. Elle vibrait rien qu'en y pensant. Elle entendait encore son père lui dire à son adolescence, alors qu'ils étaient en train de dîner en regardant la télévision : « On ne peut pas vivre d'un tel métier ! Tu devrais choisir une filière plus sûre, dans laquelle tu gagneras de l'argent, sans te prendre trop la tête ». Elle se rendait compte, aujourd'hui, qu'elle avait beaucoup de barrières, tant de jugements, tellement d'a priori, qu'elle se posait encore une fois, ce matin, la question du sens de sa vie. Elle pensait qu'ayant toujours été anxieuse, elle ne pourrait jamais rien y changer. C'était sa nature. Elle était née comme ça !

Abigaëlle avait vraiment envie de se changer les idées. C'était samedi, le jour où elle allait habituellement prendre son petit-déjeuner au Délice Impérial, dans la rue principale de Fontainebleau. Le temps de prendre une douche, de maquiller légèrement ses yeux et ses lèvres, d'enfiler son jean délavé et de mettre une chemise d'un rose pourpre léger, elle a avait claqué la porte de son appartement et emprunté les escaliers pour aller plus vite.

Elle était installée à une table près de la porte d'entrée de la brasserie, lorsque son serveur préféré, un bel homme brun au ton basané, s'approcha d'elle. Un sourire en coin, un petit clin d'œil, et voilà la conversation entamée :
- Alors, ma belle dame ! Comment ça va aujourd'hui ?
- Comme-ci, comme ça ! Pas trop envie de réfléchir.
- Un café avec un t'y croissant, comme d'habitude ?
- Un grand café avec un énorme croissant, conclut-elle.

À nouveau, un échange de sourires avec le garçon et il disparut dans le fond du bar. À la table d'à côté, une dame aux cheveux blancs frisés, semblait absorbée par la lecture d'un magazine, un verre de jus de fruits dans la main. Abigaëlle était attirée par le titre de la revue : « Vivre en conscience ». La dame releva légèrement la tête, captant le regard d'Abigaëlle.
- Le sujet vous intéresse, ma belle demoiselle ? interpella la dame.
- La conscience, un bien vaste mot ! Je ne suis pas sûre d'en comprendre le sens exact.
- C'est parce que ce mot a plusieurs significations. Pourquoi voudriez-vous le restreindre ?

Abigaëlle et cette dame avaient vite sympathisé. Elles en étaient venues à partager la manière de considérer l'existence et les choses de la vie. Cette élégante femme lui apportait tant de simplicité, tant d'évidence, qu'Abigaëlle avait l'impression d'être dans un autre monde. Au fond d'elle, elle sentait comme un espoir renaître.

- Le tempérament n'est pas le caractère, ma chère. Ne confondez pas. Vous pourriez avoir le tempérament de feu d'un tigre, de par votre naissance, avec le désir de découvrir la nature qui vous entoure, en couvrant rapidement de grandes étendues. Et, de par votre éducation, être un tigre qui a appris à être anxieux, par les attitudes de vos parents, votre culture ou votre expérience. Vous ne pourrez jamais changer votre tempérament de tigre, mais vous pourriez agir sur votre caractère anxieux.

Abigaëlle se laissait bercer par la voix douce de la vieille dame. Elle aimait ce qu'elle entendait. Elle qui pensait qu'elle ne pourrait jamais modifier sa nature, se surprenait à vouloir faire autrement. Elle avait envie de se donner une chance. Elle remercia sa complice d'un jour d'un regard chaleureux, avant de se lever pour payer. Le serveur lui fit encore un beau sourire avant de la laisser partir.

Un bruit de freinage brusque éclata dans la rue. Abigaëlle jeta des coups d'œil rapides à droite et à gauche et s'aperçut d'une forme inerte près du pneu droit du véhicule qui était juste à côté d'elle. Chacun regardait la scène, comme immobilisé de stupeur. Abigaëlle avança rapidement vers la boule de poils qui ne bougeait pas. C'était un chat au pelage gris et blanc. Il était comme abasourdi par le choc. Mais il respirait. Le conducteur avait fait une marche arrière et était reparti aussi vite qu'un éclair, laissant le chat sur le bitume. Abigaëlle n'en revenait pas. Le chat gisait maintenant à ses pieds. Le haut du corps bougeait mais pas le bas. Elle le prit dans ses bras, se jurant de tout faire pour qu'il aille mieux.

Abigaëlle avait passé sa journée chez le vétérinaire. Les émotions de la matinée s'étaient calmées. Le chat, ou plutôt la chatte, était maintenant allongée sur le canapé à ses côtés. Elle semblait dormir paisiblement. Elle avait une fracture du bassin et était immobilisée dans un plâtre blanc. Du repos, des antalgiques, elle s'en remettrait d'après le vétérinaire.

Tant d'idées trottaient dans sa tête. L'avenir pouvait donc être incertain. Tout pouvait basculer du jour au lendemain, c'est ce que lui montrait l'expérience qu'elle venait de vivre. Elle repensait à la discussion du matin avec la vieille dame. Sur la table basse de son séjour, il y avait le magazine qu'elle lui avait donné. Elle l'ouvrit à une page au hasard, et découvrit un article sur la sophrologie. On y parlait de ses bienfaits, de son utilité pour contribuer à faire évoluer sa manière de penser et d'être, de l'importance de faire des choix éclairés, de s'engager envers sa vie pour la rendre joyeuse et heureuse. Il y avait à la fin de l'article, le numéro de téléphone d'une sophrologue, Me Durand.

Abigaëlle prenait conscience qu'elle en avait marre d'être une éternelle angoissée de la vie et une imperturbable anxieuse de l'existence. Elle avait envie de passer à l'action, plutôt que de rester attentiste face à la vie. Il était temps de changer les choses. C'est alors qu'elle avait décidé de commencer un accompagnement en sophrologie.

Chapitre II

Faire la part des choses

Lorsque Abigaëlle avait commencé à parler de son projet de suivre des séances de sophrologie à ses amies, la première chose que Barbara lui avait dite, c'était : « Tu vas faire de la relaxation ? Ça va te faire du bien ! »

Abigaëlle avait rencontré Barbara lors d'un après-midi « cinéma ». Elle aimait bien, de temps en temps, s'offrir un moment pour elle. Elle choisissait de préférence des comédies amoureuses. Elle était assise à côté de cette jeune femme plutôt mince, aux traits tirés. Sans le faire exprès, elle l'avait bousculée du coude et avait renversé son pot de pop-corn. Puis le film avait commencé. Pour se faire pardonner, Abigaëlle l'avait invitée, après la séance, à boire un verre. Elle s'était rendu compte, au fil du temps, que Barbara n'était pas vraiment très branchée par tout ce qui était conscience et connaissance de soi, mais elle passait de bons moments avec elle.

- Je te vois bien t'allonger sur un tapis moelleux, plongeant dans tes pensées, avait poursuivi Barbara d'un ton un peu lyrique… T'envoler vers un paysage de mer, avec des palmiers, profitant de la brise du vent et du cri des mouettes volant dans le ciel.
- Tu sais que tu fais cela très bien, pour quelqu'un qui ne s'intéresse pas au développement personnel.
- Ce n'est pas parce que je ne m'y intéresse pas que je ne saurai pas faire…

- D'accord ! Mais je ne vais pas pratiquer de la relaxation, mais de la sophrologie.
- Ah bon ! Quelle différence tu fais entre les deux ?
- Imagine un instant que tu es un voyageur du monde. Tu suis un chemin qui n'est pas forcément le tien, hérité de tes parents ou de la société. Tu portes des valises qui contiennent toutes tes affaires. Au fil du temps, elles sont devenues sales ou ne te sont plus utiles, sans pour autant avoir réussi à t'en défaire. Elles portent aussi des petits bonheurs. Mais tu ne penses pas à les utiliser quand tu n'as pas le moral. En relaxation, continua Abigaëlle, tu apprends à poser tes valises, à te reposer, à t'évader d'une réalité qui pourrait être contraignante ou éreintante, pour reprendre des forces, pour contacter ces petits bonheurs, pour te ressourcer. En sophrologie, tu apprends à voyager en conscience. Tu crées ton propre voyage et tu fais des choix. Tu choisis l'itinéraire que tu veux suivre, ce que tu veux découvrir, pour prendre plaisir à ce que tu explores. Tu te places dans un état d'esprit ouvert à des possibilités nouvelles, sans prédictibilité. Tu sais que tu es porteur de capacités et de valeurs et tu veux les fortifier en toi pour mieux créer ton voyage et t'éclater dans la vie. Choisir quand il est utile de faire un effort plaisant ou quand il est important de laisser être ce qui doit être… Tu apprends aussi à gérer ton énergie et ta vitalité pour le meilleur état de santé possible.

On aurait dit qu'Abigaëlle avait appris un texte par cœur et le déclamait de manière à mobiliser la motivation générale.
- Et tu dis que tu n'as jamais fait de sophrologie… Menteuse !

- Non, je n'en ai jamais fait. Sinon, tu l'aurais su. Mais j'ai lu un article sur le sujet qui était vraiment très bien fait, avait répondu Abigaëlle en souriant d'un air coquin à son amie. Il parlait aussi d'hypnose.
- Alors, si c'est comme l'hypnose, moi, je ne voudrais pas que tu en fasses. Genre, ils te feront signer un gros chèque à la fin de la séance, avec dix zéros avant la virgule, avait rétorqué Barbara.
- Tu vois trop de films.
- Non, regarde les émissions à la télé. Ils font faire n'importe quoi aux gens sous hypnose. C'est déplorable !
- Je te l'accorde, avait acquiescé Abigaëlle, en faisant une moue du visage. Mais la sophrologie, c'est tout l'opposé d'un truc de foire. Elle vise à mettre de la conscience pour que l'individu soit de plus en plus autonome. C'est sérieux tout en étant joyeux.

Barbara s'était calmée. Il faisait maintenant nuit et les deux amies s'étaient quittées sur cet échange. Abigaëlle savait bien qu'on confondait souvent la sophrologie avec l'hypnose. Il y avait pourtant de vraies différences. En hypnose, on induisait les modifications de conscience par un discours très suggestif, alors qu'en sophrologie, on proposait des orientations, invitant le sujet à choisir entre différentes possibilités. L'hypnose focalisait l'esprit sur un trouble physique, émotionnel ou psychologique, alors que la sophrologie cherchait à ouvrir un espace de conscience en soi grâce un état d'esprit dynamique, clair et présent dans le ici et maintenant, pour laisser émerger la quintessence de soi. L'hypnose cherchait à créer des images, alors que la sophrologie portait plutôt sur une expérience sensorielle, invitant à élargir le champ de perception aux sensations et aux sentiments présents dans le corps, pour mettre le mental au repos.

Dans l'article du magazine, une phrase avait beaucoup plu à Abigaëlle : « La pensée d'une sensation n'est pas la sensation ». Il est vrai que si je pense que je suis calme, ce n'est pas pareil que le sentiment de calme, réellement installé en soi. En repensant à cette phrase, elle était en train de se glisser agréablement sous sa couette. Elle sentait la douceur du drap sur sa peau, les points d'appui de son corps s'enfonçant dans le matelas. Cela lui procurait un sentiment de bien-être propice à un bon sommeil.

Chapitre III

Rencontre avec la sophrologue

Abigaëlle était un peu anxieuse à l'idée de rencontrer Me Durand. Pourtant, la voix au téléphone avait été agréable et rassurante. Mais elle n'avait jamais partagé ses émotions et ce qu'elle pensait être sa philosophie de vie, autrement qu'avec ses amies.

Elle était assise sur un fauteuil en osier confortable, dans une salle d'attente à l'ambiance apaisante. Quelques revues sur le bien-être traînaient sur une table basse en bois clair. En fond sonore, se diffusait une musique relaxante. Tout était propice à l'installation dans la détente. Pas comme chez le dentiste, s'était amusée à commenter intérieurement Abigaëlle. La porte s'était entrouverte. Un homme en costume clair était sorti de la pièce. Une femme souriante l'accompagnait vers la sortie en lui disant au revoir. Celle-ci s'était ensuite dirigée vers Abigaëlle. Elle lui avait tendu une main assurée en lui disant bonjour. Abigaëlle s'était retrouvée dans le bureau de la sophrologue, sans avoir vraiment eu le temps de réfléchir à quoi que ce soit.

- Alors, que puis-je pour vous ? lui avait demandé Me Durand.
- J'ai trouvé votre nom dans une revue. Je suis maintenant convaincue qu'il est temps de prendre du temps pour moi.
- Qu'est-ce que vous attendez d'un accompagnement avec moi ? avait rétorqué Me Durand.

- De sortir de mon anxiété, sans l'ombre d'un doute. J'aimerais aussi savoir comment se passe une séance de sophrologie.

Me Durand avait commencé ses explications.
- La sophrologie est une forme de méditation axée sur une connaissance approfondie du corps et de ses structures biologiques, les muscles, les tissus, les cellules, afin de les maintenir dans un bon état de santé. Elle tient aussi compte de l'esprit, pour développer une présence plus grande à la vie. En permettant de dompter le mental jugeant, elle favorise l'ouverture à la créativité, dépassant les obstacles et les limitations produites par le mental. Au cours d'une séance, il y a des moments de dialogues, afin de partager votre expérience des exercices, et des moments de pratique. Les techniques s'appuient sur plusieurs approches orientales, comme le Raja Yoga, le Zen, la méditation, mais aussi occidentales, comme la pédagogie positive, les travaux des neurosciences, ou encore la relaxation. Après avoir modifié le niveau de conscience pour être bien concentré sur ce que l'on fait, nous réalisons des exercices qui ont des intentionnalités précises, ce qui suscite des « phénomènes » que l'on apprend à observer, sans jugement ni a priori, pendant des moments de pause silencieuse. Il s'agit ici d'accueillir simplement ce qui se passe, sans rien faire d'autre.
- « Phénomènes » ? avait lancé Abigaëlle d'un ton interrogatif.
- Pardon ! Un « phénomène » en sophrologie, concerne tout ce que l'on ressent en soi, les impressions, les sensations présentes, sans vouloir les analyser ni les interpréter. C'est un concept qui nous vient de la phénoménologie

existentielle, une branche de la philosophie. Lorsque nous prenons le temps d'observer les « phénomènes » présents dans le corps, dans un état d'accueil, poursuivit Me Durand, l'expérience s'intègre profondément dans notre inconscient biologique et psychique ; ce qui permet de développer une nouvelle cohérence existentielle. Nous devenons capables d'observer aussi bien nos inconforts, sans nous y accrocher ni les juger, que nos ressources et nos potentiels, pour les développer. Tout ce sur quoi l'esprit se focalise, se renforce. Cela nous ouvre ainsi à de nouvelles possibilités existentielles.

Abigaëlle était vraiment intéressée par ce que lui expliquait la sophrologue. Pourtant, une question lui brûlait les lèvres. Elle ne savait pas si elle pouvait se permettre de la poser, par peur de vexer Me Durand.
- Pourrais-je vous poser une question indiscrète ? avait murmuré Abigaëlle du bout des lèvres.
- Je vous en prie, avait répondu Me Durand.
- Est-ce que la sophrologie a un rapport quelconque avec la scientologie ?
Me Durand n'avait pas eu l'air surpris.
- Avez-vous peur que la sophrologie soit une secte ? avait-elle questionné en retour à Abigaëlle.
- Vous savez, on entend tellement de choses…
- Il n'y a pas de problème avec cette question, Abigaëlle. La sophrologie n'est pas sectaire. À l'inverse d'une secte, la sophrologie ne cherche pas à prendre le pouvoir sur autrui. Elle favorise le développement d'une autonomie et d'une indépendance de l'individu, un déploiement de ses propres forces, et aide à installer un sentiment de sécurité intérieure

et d'estime de soi. Le sophrologue respecte le sujet qu'il accompagne, ses idées, ses opinions, ses choix.

Abigaëlle se sentait rassurée. Elle avait eu le courage de verbaliser ce qu'elle pensait et se sentait dans une alliance avec Me Durand. Elle avait envie de continuer l'aventure avec elle. Elle avait compris dans cet échange, que la sophrologie pouvait être considérée comme une psychologie émotionnelle et positive de l'être, une pédagogie de l'existence. Elle revisiterait les attitudes qu'elle avait envers la vie, sans passer par l'analyse de ses comportements. En mettant davantage de conscience sur ses manières d'agir et de réagir et en apprenant à faire autrement grâce aux techniques enseignées, elle pourrait toucher à ce que Me Durand surnommait « l'être infini », et ainsi, l'exprimer naturellement dans sa vie. La sophrologie lui permettrait aussi d'apprendre à mobiliser son énergie pour mieux la canaliser dans la réalisation de ses projets.

- Raconte-moi ! lui avait lancé Sophie sur un ton empressé, alors qu'elles étaient en train de boire un verre à la terrasse du café préféré d'Abigaëlle, assises dans de confortables fauteuils, agréablement protégées par un auvent léger.

De petite taille, un peu forte, Sophie était une amie d'enfance d'Abigaëlle. Elle avait toujours été là pour elle, particulièrement dans les mauvais moments de sa vie. Elle savait trouver les mots justes, les idées éclairantes. C'était une femme inspirée.

- Un seul mot ! Super ! avait répondu Abigaëlle. Nous n'avons pas vraiment commencé les exercices. Nous avons

plutôt parlé. Mais ce que Me Durand m'a raconté, me confirme dans mon choix.
- Génial ! Avec quoi ressors-tu de ce premier rendez-vous ?
- Avec quoi je ressors, avait répété de manière un peu automatique Abigaëlle. Je sens qu'elle peut vraiment m'apporter une aide pour que je me sente mieux. Je pense que je pourrais sortir de mon angoisse. J'entrevois de l'espoir. Vivre la sérénité, vivre l'harmonie, c'est ce que je souhaite le plus au monde. Je n'ai plus envie d'être dans l'intellect, de réfléchir aux « pourquoi » de tout, d'être en permanence projetée dans un futur angoissant. J'ai envie de me sentir bien avec moi, avec mon corps. J'ai envie d'avoir des exercices concrets, qui peuvent me soutenir dans ma vie de tous les jours, pour mieux connaître mon corps et pouvoir le calmer. J'ai bien conscience que mon problème est une histoire de pensée.
- Alors, c'est bien ce qu'il te faut. Tu as l'air d'être si clair après cet entretien. Vas-y !

C'était le plus beau message qu'Abigaëlle pouvait recevoir de son amie. Elle ressentait en elle une nouvelle énergie. Elle avait tant envie de vivre et d'exister. Vivre, pas juste du fait de sa naissance et d'être venue au monde. Elle avait envie de se donner un art de vivre avec elle et avec les autres. Exister, pas juste du fait d'être vivante. Elle avait envie de se donner la place qu'elle méritait. Elle voulait sortir des jugements d'elle-même, dépasser ses limites, et sentir ce qu'était vraiment la liberté. Elle avait envie de retrouver son essentiel, sa vraie valeur. Elle avait envie d'être porteuse de ses choix. Elle avait envie de réaliser ses rêves.

Chapitre IV

La sophrologie, tout un programme !

Abigaëlle se sentait encore sur un petit nuage. Elle voulait prendre le temps de flâner dans le parc à l'arrière du château avant de rentrer chez elle. Elle laissait son esprit vagabonder, mais pour une fois, sans but précis. Elle avait l'impression d'être hors du temps, même si elle ressentait en elle une légère pression liée à l'envie de commencer rapidement son accompagnement avec Me Durand. C'était un état intérieur vraiment paradoxal, mais assez pétillant.

En glissant la clef dans la serrure de la porte de son appartement, Abigaëlle avait le souvenir d'un livre qu'elle avait acheté, il y avait quelques années, sur la sophrologie. À l'époque, elle l'avait trouvé compliqué et l'avait mis de côté. Mais aujourd'hui, elle voulait replonger dedans. Elle se souvenait de son format poche, et d'une couleur un peu bleutée. Il n'était pas très grand. « Voyons, mais comment était sa couverture ? ». Déposant rapidement son sac et son manteau sur la table du séjour, elle avait filé dans sa chambre, recherchant parmi les livres présents sur les étagères de sa bibliothèque. Elle en soulevait quelques-uns, en tirait d'autres par leur tranche pour lire leur titre et les replaçait, un peu déçue. Mais bon sang ! Où avait-elle pu mettre ce livre ? Une intuition soudaine l'avait alors fait se diriger vers la table basse du salon. C'est vrai qu'elle avait des livres un peu partout. Un jour, elle ferait bien de remettre un peu d'ordre dans sa bibliothèque.

Elle avait tiré vers elle le grand tiroir du bas de la table et il était là ! Le manuscrit lui semblait très théorique. C'est ce qui l'avait repoussé à l'époque. Mais maintenant, elle le voyait tout autrement. Elle avait envie de le découvrir, avec un nouveau regard. Elle sentait qu'elle devenait curieuse de la méthode. Agréablement installée sur son canapé, un plaid posé sur ses genoux, quelques gâteaux et un verre de jus d'orange pas loin d'elle, elle plongea dans le chapitre qui s'intitulait « La connaissance de soi pour s'épanouir, une recherche qui a toujours existé ».

« *Depuis toujours, les philosophes ont recherché les chemins qui pouvaient mener à la rencontre du Soi, au-delà de l'ego. Le philosophe grec, Socrate, a choisi la voie du questionnement permanent pour atteindre, au-delà de la question, l'origine de l'âme. Le chef spirituel népalais, Bouddha, a préféré la méditation intérieure pour réussir à dépasser les barrières de la souffrance et toucher à l'essentiel en tant qu'être éveillé. Le sage chinois, Lao-Tseu, a privilégié le chemin de l'absurde par ses choanes sur la vie, pour sortir des constructions mentales limitantes et atteindre la conscience originelle. Le médecin psychiatre, Alfonso Caycédo, a étudié la conscience et l'existence par la vivance, une expérience sensorielle et sensitive, qui se place au-delà de toute intellectualisation, afin d'être capable de créer un état d'hyperconscience, dans lequel l'être est pleinement présent à ce qu'il est.*

Ainsi, la sophrologie[1] est née, porteuse d'un chemin de découverte, de conquête et de maîtrise de soi. En devenant des

---

[1] Sophrologie : terme créé par le Pr. Caycédo, neuropsychiatre, à partir de racines grecques SOS (équilibre, harmonie, santé) – PHREN

observateurs de nous-mêmes, nous devenons conscients des pensées et des émotions qui nous animent, des intuitions qui nous guident. Le chemin d'intériorisation commence par la prise de conscience du corps pour en apprendre son langage. Puis vient l'exploration du mental et la manière de sortir du jugement et des a priori qui laissent l'être humain comme enfermé dans une cage d'oiseau. Même si la porte de la cage est ouverte, tant que l'oiseau ne connaît pas son corps, il ne peut pas se sentir suffisamment en sécurité pour voler de ses propres ailes et vivre la liberté d'un monde offrant toutes les possibilités.

La méthode sophrologique est un véritable processus d'alètheia, du terme grec qui veut dire « vérité ». Elle propose une manière d'accéder à une réalité cachée en soi depuis longtemps, par un processus de dévoilement de la conscience. Le terme d'alètheia nous vient du philosophe Platon, lorsqu'il nous raconte l'histoire du fleuve Léthé. Il fut un temps où l'Hadès, le monde des morts, des esprits et des âmes, et Gaia, le monde de la terre, des êtres faits de chair et de sang, n'étaient séparés que par un fleuve du nom de Léthé, l'Oubli. En buvant l'eau de ce fleuve, les âmes oubliaient le monde d'où elles venaient ; ce qui facilitait leur entrée dans le monde de la terre. L'esprit illimité s'incarnait ainsi dans un corps limité avec plus de facilité. Le but de cette expérience terrestre était de découvrir le domaine

---

(conscience, esprit, psyché) – LOGOS (science, discours). L'objectif principal de la sophrologie est de faire prendre conscience à chacun que toutes les possibilités existent en lui afin de vivre une expérience existentielle riche, heureuse et unique. Elle contribue à l'éveil de la conscience, à son développement et à son équilibre. Elle permet de prendre conscience du potentiel énorme qui existe au sein de la biologie du corps humain. Elle prône la manifestation de grandes valeurs universelles dans la vie quotidienne. C'est une forme de pédagogie positive de l'être et de l'existence.

des sensations, faciliter l'apprentissage de l'amour et de la joie, et élargir le domaine des connaissances par l'expérience humaine. Même si l'oubli était présent, il restait malgré tout la mémoire des origines, poussant l'âme à rechercher ce qu'elle était auparavant. L'âme était ainsi inconsciemment animée par le désir de retirer les voiles mis sur son esprit par l'eau du fleuve Léthé, pour retrouver tout au long de sa vie terrestre l'alètheia, la Vérité de son existence première.[2] »

Abigaëlle était tellement absorbée par son livre qu'elle n'avait pas entendu le téléphone sonner. C'était Barbara. Elle avait un coup de cafard et était en train de sombrer dans la sinistrose. Abigaëlle savait qu'elle n'avait rien d'autre à faire que de l'écouter, alors que Barbara lui racontait son état d'esprit du jour.
- Tu devrais faire une thérapie, avait fini par lancer Abigaëlle à Barbara. Te rends-tu compte que tu tournes toujours en boucle avec les mêmes histoires ?
- Si c'est pour me dire ça, je préfère raccrocher, avait répondu Barbara d'un ton sec.
- Loin de moi l'idée de t'offusquer. Quand tu es dans cet état, il devient impossible de te parler.
- Alors, pourquoi tu essaies ?
- Autant parler à mon répondeur, alors…

Le ton de la discussion était plutôt sec. Abigaëlle ne voulait pas froisser Barbara, mais elle en avait marre de n'être qu'une oreille sur laquelle celle-ci déversait toute sa

---

[2] Platon évoque le Mythe du Léthé à la fin de *La République*, après sa théorie de la « Métempsychose » laissant penser que l'âme immortelle pouvait se réincarner sous une forme animale… PLATON, *La République*, 620e à 621d, p. 521-522, traduction G. Leroux, GF Flammarion, 2002

nervosité et sa détresse, comme si, vider sa poubelle sur autrui lui permettrait de se sentir mieux.
- Puis-je te faire une proposition ? avait lancé d'un ton plus doux Abigaëlle.
- Vas-y ! avait répondu sèchement Barbara.
- J'aimerais te lire un passage du livre sur la sophrologie. Il présente la différence entre une thérapie et une pédagogie de l'être. Comme cela, tu pourras te faire une idée. Et le jour où tu te sentiras prête, tu choisiras ce qui te conviendra le mieux. Qu'en penses-tu ?
Barbara avait acquiescé à l'idée et s'était calmée.

« *Pourquoi suivre un accompagnement sophrologique plutôt qu'une thérapie ?* est une question qu'il vous importe de vous poser lorsque vous allez choisir un processus d'aide.

Dans son sens premier, la thérapie oriente l'individu dans la recherche de guérison d'un symptôme ou d'une déficience, par une méthode de résolution de problème, pour le soigner. Nous recherchons les causes qui expliquent le « pourquoi » du malaise qui se vit aujourd'hui, parfois en niant le soi. Le cadre d'intervention est plutôt analytique, utilisant les capacités de rationalisation et de compréhension logique. À titre d'exemple, dans une thérapie psychanalytique, l'objet de l'étude est l'inconscient et son fonctionnement. Les outils utilisés sont l'analyse des rêves ou du langage, pour donner du sens à l'expérience vécue, et ainsi, permettre la levée des symptômes et le retour à l'autonomie.

L'accompagnement sophrologique oriente l'individu à prendre soin de lui, par l'apprentissage de nouvelles habitudes de vie et d'expression de soi. Les objets de l'étude sont la conscience et l'existence. Nous cherchons à transmettre des connaissances sur le fonctionnement de la conscience, des savoir-faire par les techniques transmises et des savoirs être par une application concrète dans les situations rencontrées au quotidien. Le processus invite le bénéficiaire à être dans une compréhension nouvelle de la vie, une ouverture d'esprit plus grande et une posture existentielle innovante. Nous créons ainsi une nouvelle habitude de vie[3] plutôt qu'un réflexe conditionné[4]. La sophrologie agit pleinement pour renforcer l'estime de soi, la confiance en soi, l'assurance, le sentiment de sécurité intérieure et de cohérence existentielle. Les outils utilisés sont la détermination d'un objectif pédagogique formulé en termes de gain, un programme d'exercices choisis en fonction de l'objectif et l'étude phénoménologique, qui permet de savoir où en est le sujet dans son apprentissage d'avec lui-même. Comme le ferait un professeur de piano, le sophrologue guide et oriente le bénéficiaire pour un entraînement pratique entre les séances afin que ses capacités se développent. En s'appropriant la

---

[3] L'habitude est le stockage d'actes ou de séquences d'actes. Elle est considérée comme acquise quand, face à une situation donnée, la réponse apprise est toujours identique à elle-même. Elle concerne aussi bien des habiletés techniques, que des manières d'être ou de réaction émotionnelles. Elle est le résultat d'un apprentissage qui mêle expérience, connaissance et conscience. Elle génère des automatismes, lorsque l'acte conscientisé devient systématique.

[4] Le réflexe conditionné ou acquis a été mis en évidence par Pavlov dans les années 1930, avec l'expérience du chien qui salive à la sonnerie d'une clochette, alors que normalement, le chien ne salive que lorsqu'il est en présence d'un morceau de viande. À force de répétition, un même stimulus neutre (la clochette) déclenche des réponses voisines d'un stimulus inconditionnel (la viande). Le réflexe s'éteint par lui-même dans le temps, si on n'associe pas à nouveau un stimulus inconditionnel à un stimulus neutre.

méthode, l'apprenant devient autonome dans l'élaboration d'un plan d'action adapté à ses besoins et à ses désirs. »

Barbara restait silencieuse au bout du fil. Abigaëlle pensait que cette lecture l'avait calmée. Elle avait envie de raccrocher mais n'osait pas vraiment le lui dire. Dans un souffle de voix léger, Barbara lui dit au revoir et remercia Abigaëlle d'avoir été, encore une fois, présente lorsqu'elle en avait eu besoin. Abigaëlle se sentait soulagée. Elle avait faim et se mit en route vers la cuisine pour se préparer une bonne omelette aux pommes de terre. Elle avait envie de passer une soirée au calme, en appréciant chaque saveur de son plat.

Chapitre V

Apprendre la détente du corps pour mieux vivre la détente mentale

C'était le jour de la première séance d'Abigaëlle. Elle était confortablement installée dans le fauteuil chez sa sophrologue. Me Durand lui demanda de se concentrer sur sa respiration.
- La respiration, lui expliqua-t-elle, est le début de la prise de conscience de soi. Même si la respiration complète est placée naturellement à la naissance, lorsque nous grandissons, nous finissons par n'en utiliser qu'une partie restreinte. Je constate très souvent chez les personnes que j'accompagne, qu'un ou plusieurs étages du corps ne respirent pas, bloqués par des stress vécus. Pour avoir une oxygénation optimale, vous allez apprendre à mobiliser les trois étages de votre respiration : abdominal, thoracique et cervical.

Abigaëlle avait peur de mal faire. Et si l'un de ces étages ne respirait pas, Me Durand la jugerait-elle mal ? Elle se rendait compte qu'un simple exercice commençait à la faire angoisser. Devait-elle en parler à la sophrologue ?
- Il y a quelque chose qui ne va pas ? était intervenue Me Durand, interrompant Abigaëlle dans le cours de ses pensées.
- J'ai peur de ne pas réussir l'exercice.
- Je vais tout de suite vous mettre à l'aise. Nous n'allons pas regarder si vous faites bien ou mal, vous savez. Nous allons simplement observer votre manière de respirer, sans

jugement, de manière à adapter les exercices pour que votre corps respire dans son idéal. Abigaëlle fit un signe de tête pour montrer qu'elle avait compris.
- Placez votre concentration sur le devant de votre corps. Observez comment il respire. Ce qui bouge lorsque vous inspirez et lorsque vous expirez… L'abdomen ? Le thorax ? Les deux ou aucun ? Maintenez votre attention sur l'avant de votre corps pour faciliter cette observation…

En réalisant l'exercice, Abigaëlle s'était rendu compte que son abdomen ne bougeait pas beaucoup. C'était plutôt son thorax qui se mobilisait, et encore, faiblement. Me Durand lui avait alors expliqué que la respiration abdominale était en relation avec les sensations, le plaisir, la confiance et la sécurité. En remettant de l'amplitude à cet endroit du corps, elle gagnerait en stabilité et en ancrage sur le sol, ce qui faciliterait une confiance plus grande en elle.
- Alors que la respiration thoracique est en relation avec les émotions et les sentiments, avait poursuivi Me Durand. Cet endroit se bloque souvent lorsqu'il y a des émotions fortes comme des chagrins ou des colères que l'on retient d'exprimer. En libérant cette respiration, nous évacuons les émotions refoulées. Quant à la respiration haute, celle qui se place au niveau des épaules, elle est plus subtile. Je vous conseille d'amplifier le mouvement respiratoire pour la percevoir. Elle aide à aérer le cerveau, à calmer le mental et à clarifier l'esprit.

Me Durand lui guida ensuite l'exercice du trajet de l'air, très intéressant pour mettre les pensées au repos. Il était simple et rapide.

- Placez maintenant votre attention sur le bout de votre nez. Commencez par suivre l'air lorsqu'il arrive dans les narines… Il descend dans l'arrière de la gorge et emprunte le chemin de la trachée, ce conduit qui emporte l'air dans les poumons. Laissez votre esprit surfer sur l'air qui arrive dans la cage thoracique, à l'intérieur des poumons. Sentez comment ils se remplissent d'air, se gonflant comme le ferait un ballon… Tout ce chemin à l'inspiration… Puis, suivez l'air dans son trajet à l'expiration. Des poumons vers la trachée, puis l'arrière de la gorge, remontant dans les narines, pour sortir par le bout du nez… Prenez le temps de vivre ce trajet de l'air qui entre et qui sort pendant quelques instants, laissant les pensées passer. Une pensée est comme le wagon d'un train. Si vous rentrez dedans, vous voilà dans l'histoire de la pensée. Alors, ne vous accrochez pas à vos pensées. Si elles apparaissent, laissez-les passer. Ramenez toujours votre attention et votre concentration sur le flux de l'air qui entre et qui sort.

Abigaëlle se sentait bien. C'était un moment très agréable. Même si elle constatait que des idées apparaissaient par moment dans son esprit, elle avait réussi à ne pas se fixer dessus. Cela lui avait demandé un effort de volonté. Mais finalement, elle y était arrivée. Elle était satisfaite du résultat. La détente commençait à s'installer dans son corps et son mental était plus calme. Elle avait compris que l'oxygène relaxait naturellement les muscles. L'exercice était simple. Se concentrer quelques minutes sur sa respiration, et déjà, le corps profitait de la pratique. Elle se surprenait à ne pas penser à ses activités à venir, alors qu'habituellement, elle était toujours pressée de passer à l'action suivante.

Me Durant lui avait donné un petit truc pour faciliter l'application concrète des exercices sophrologiques dans le quotidien. Des sortes de conseils. Elle les nommait les « petits trucs et astuces de Goupil ». Cela avait amusé Abigaëlle.
- Lorsque vous n'arrivez pas à calmer votre mental, les pensées tournant en boucles dans votre tête, concentrez-vous sur votre respiration. Comptez un temps pour chaque inspiration et chaque expiration jusqu'à trente. Votre mental sera ainsi occupé à autre chose que vos pensées, alors que votre corps commencera à se détendre.

Vint alors le dernier exercice de la séance du jour, la **Sophronisation de Base**. Me Durant lui guida cette technique qui permettait de décontracter l'ensemble du corps, de la tête jusqu'aux pieds. Prendre conscience de la forme et de la dimension de ces espaces corporels pour mieux les laisser aller dans la détente, c'était une manière d'apaiser l'esprit. La modification du tonus musculaire entraînait tout naturellement la modification du tonus psychique, ainsi que l'installation dans un état de vigilance modifiée, nommé en sophrologie, le niveau de « conscience sophronique » ; ce qui accroissait la capacité à observer et à vivre les sensations, les ressentis et les sentiments agréables de manière plus consciente. Après l'avoir vécu, Abigaëlle se sentait vraiment bien détendue, avec une sensation de lourdeur, le corps s'enfonçant dans le siège, et en même temps, une sensation de légèreté, comme si elle volait, l'esprit tellement tranquille. Elle adorait !

Chapitre VI

La conscience, une connaissance et une perception de soi

Abigaëlle était assidue dans sa pratique sophrologique. À chaque fois qu'elle le pouvait, elle se concentrait sur sa respiration et en sentait rapidement les bienfaits. Sophie, très intéressée par le nouveau parcours de son amie, lui avait téléphoné le soir même de sa première séance.
- Alors, raconte-moi ! avait-elle lancé, curieuse d'en savoir plus.
- Tu viens boire un verre avec moi ? avait répondu Abigaëlle.
- OK ! Le temps d'enfiler un manteau et j'arrive.

Sophie et Abigaëlle s'étaient ainsi retrouvées, confortablement assises autour de la table ronde de la salle à manger, à grignoter quelques tapas accompagnés d'un verre de Sauternes qu'Abigaëlle adorait.
- C'était super ! Beaucoup de pratique pendant la séance, et déjà, je ne peux que constater les bienfaits présents en moi. Nous pratiquons beaucoup la conscience.
- La conscience ? C'est-à-dire ? avait questionné Sophie, passionnée par ce sujet.
- La conscience est un phénomène complexe qui met en interaction plusieurs régions du cerveau, ainsi que de multiples processus. En sophrologie, on lui donne plusieurs définitions. La première, c'est une connaissance et une perception de soi.

- Tu peux m'en dire plus, j'adore t'écouter parler. Tu sais que tu ferais une très bonne oratrice ! s'était exclamée Sophie.

- Dans cette perspective, la conscience se définit par les facultés mentales et subjectives de percevoir intérieurement les phénomènes de sa propre existence, ses états physiques et émotionnels, ses propres valeurs, tout en percevant aussi clairement les phénomènes du monde extérieur. C'est le monde des phénomènes présents, ce que l'on nomme en psychologie, le conscient, ce que nous savons des choses de la vie de notre quotidien. Cette conscience est un savoir qui peut-être partiel. On parle alors de conscience « voilée ».

- Conscience « voilée », cela me fait penser aux femmes voilées. Derrière le voile, que se cache-t-il ?

- C'est amusant comme comparaison ! On pourrait croire que les femmes voilées ne veulent pas faire apparaître leur beauté aux yeux de tout le monde et réserve celle-ci pour leur conjoint, lorsqu'ils sont dans leur intimité. Peut-être est-ce pareil pour la conscience voilée de l'Être. Aurions-nous inconsciemment le désir de conserver notre splendeur pour nous-même sans vouloir la partager ? Pour qu'elle ne soit pas abîmée ?

- Ouah, quelle philosophie !

- La sophrologie, c'est aussi une philosophie de vie, Sophie.

- Je vois cela ! avait répondu Sophie à Abigaëlle. Si je reviens à notre sujet du soir, compléta-t-elle avec un sourire en coin, cela voudrait-il dire que nous pensons avoir conscience de tous nos ressentis, de ce qu'il se passe dans notre corps, alors, qu'en réalité, nous n'en avons conscience que d'une infime partie ?

- Oui, tout à fait. Je me suis rendu compte, en faisant l'exercice de la détente musculaire, que je pensais être très bien détendue. Mais, j'ai pu constater en conscience modifiée, que certaines parties de mon corps ne l'étaient pas, comme au niveau de mes épaules et de ma nuque. J'ai même été surprise de découvrir que je ne savais même pas ce qu'il se passait dans mon ventre. C'était comme un espace sombre, sans détails.
- Impressionnant ! avait chuchoté Sophie.

Abigaëlle continua sur le thème de la perception de soi.
- Tout ce que nous ignorons de nous se nomme le monde des phénomènes sous-jacents, l'inconscient psychique, mais aussi l'inconscient biologique. C'est une des particularités de ce qu'apporte la sophrologie. Nous devenons capables d'étudier le monde de notre biologie, en allant à chaque fois, un peu plus en profondeur dans la connaissance de notre corps, au fur et à mesure des exercices. Ce monde contient, enfouies dans nos cellules et nos molécules, des structures habituellement muettes, des désirs non exprimés, des émotions refoulées, mais aussi de l'énergie.
- Tu veux dire que nous sommes capables d'aller dans nos cellules ? Je crois être dans un film de science-fiction, s'était exclamée Sophie. Surtout, n'en parle pas à Barbara. Elle va croire que tu es folle !
- Peu importe ce que les autres pensent de moi. Je commence seulement aujourd'hui à saisir le concept. Mais j'ai vraiment l'intention de le vivre. Comme cela, j'aurai une connaissance qui ne sera pas que théorique, mais aussi dans l'expérience et la vérité des choses.
- C'est fou ce qu'une seule séance peut déjà faire !

- À vrai dire, ce n'est pas uniquement la séance. Tu sais que je suis curieuse. Alors, j'ai retrouvé un livre sur les théories et les concepts de la sophrologie et je me suis replongée récemment dedans.
- Ah, d'accord ! Je comprends mieux d'où viennent toutes ces informations.

Pressée de poursuivre son exposé, Agibaëlle reprit la parole avec animation.
- Entre ces deux mondes, il y a le monde des phénomènes latents, ce que nous pressentons, mais aussi, tous les contenus individuels qui forgent notre identité, les capacités universelles qui ne sont pas encore exprimées ou fortifiées en nous.
- Comme quoi, par exemple ? avait questionné Sophie.
- Comme la confiance en soi. N'as-tu jamais réfléchi au fait que, si tu peux dire que tu n'as pas confiance en toi aujourd'hui, c'est que tu peux comparer avec des moments, probablement lointains de ton histoire, où tu as déjà eu confiance en toi ?
- Incroyable ! Tu veux dire que la confiance en soi a toujours été là ?
- Oui, avait rétorqué Abigaëlle. C'est ce que dit ce concept sophrologique. Que toutes les capacités sont universelles et déjà présentes en nous, dans ce monde des phénomènes latents. Tu peux ainsi choisir de te concentrer sur cette capacité, pour la dévoiler davantage et la développer en toi. La confiance en soi se vit d'abord dans le corps, avant d'être vraiment opérationnelle dans l'esprit.
- C'est assez innovant comme idée, non ?

- Effectivement. Si tu regardes objectivement les choses, tu as pu travailler mentalement ta confiance en toi par la visualisation, par exemple. Mais quand tu te retrouves au moment de faire une présentation devant plus de cent personnes, ton corps commence à s'affaiblir, le cœur palpite, les mains deviennent moites. N'est-ce pas ton corps qui est en train de manquer de confiance ?
- Vu sous cet angle, je comprends. Mais comment fait-on alors, pour passer de la théorie à la pratique ? avait poursuivi Sophie.
- Pour développer cette conscience des « choses », nous avons besoin de nous donner dans la journée, des moments de pleine présence, en nous posant avec nous-mêmes et en modifiant volontairement notre niveau de conscience.

Barbara venait de sonner à la porte. Sophie et Abigaëlle l'avaient accueillie à bras ouverts. Elle s'était installée autour de la table ronde avec elles.
- Tu veux boire quelque chose ? avait demandé Abigaëlle à Barbara.
- Oui, je veux de ce truc blanc que vous avez dans votre verre.
- Ce truc blanc, comme tu dis, avait gentiment répondu Sophie, c'est du Sauternes.
- Ah, bah, vous ne vous en faites pas les filles ! avait commenté Barbara. De quoi étiez-vous en train de parler ?
Abigaëlle fit une brève synthèse du sujet de conversation du soir. Barbara semblait être attirée par la lumière qui se dégageait sur la terrasse de l'appartement, plutôt que d'écouter les paroles d'Abigaëlle.
- J'ai l'impression que ce que je te dis te passionne, Barbara ! s'était interrompue Abigaëlle, d'un ton ironique.

- Pas vraiment, c'est vrai ! J'irais bien m'installer sur ton balcon. Je peux ?

- Si tu en as envie, fais-le ! En laissant la porte ouverte, tu pourras continuer d'entendre notre conversation, avait poursuivi Abigaëlle.

Emmitouflée dans un plaid douillet, Barbara s'était installée sur le transat jaune posé dans la diagonale de la terrasse, laissant son esprit flotter librement. Pendant ce temps, Abigaëlle avait repris la discussion.
- Où en étions-nous déjà ? avait lancé Abigaëlle à Sophie.
- Tu me parlais de l'importance de modifier son niveau de conscience dans la journée, pour mieux percevoir les capacités latentes en soi.
- Ah oui ! s'était exclamée Abigaëlle. Nous pouvons constater que tout au long d'une journée, notre état de vigilance se modifie, sans pour autant que l'on s'en aperçoive. Si nous avons besoin de nous concentrer sur un travail de réflexion, par exemple, nous allons développer un haut niveau de concentration, une sorte d'hypervigilance, dans laquelle nous ne nous laisserons pas troubler par des éléments extérieurs à notre réflexion. Par contre, si nous sommes juste après le repas, notre attention peut être flottante car la digestion commence. Nous serons alors dans un niveau d'hypovigilance. Et si nous commençons à laisser venir des images, nous transportant ailleurs que dans la pièce où nous sommes, nous serons dans un niveau de subvigilance.
- Je comprends que les niveaux de vigilance sont très reliés à nos facultés d'attention et de concentration, avait commenté Sophie.

– C'est tout à fait ça ! avait renchéri Abigaëlle. Ces niveaux de conscience sont repérables à l'électroencéphalogramme et peuvent se modifier volontairement. Il existe aujourd'hui différentes méthodes, présentant des processus spécifiques pour entrer dans l'état de vigilance souhaité.
– Si je te dis « rêve éveillé », où se situe-t-on en termes de niveau de conscience ? avait questionné Sophie.
– Cet état de « rêve éveillé », très propice à la créativité, se situe dans une couche de conscience, proche du sommeil, où l'on constate la présence d'ondes « alpha de rêverie ». On obtient cet état grâce à une installation en position allongée et des paroles emportant plutôt vers le sommeil. Pendant longtemps, la sophrologie était pratiquée allongée, afin de plonger dans ce niveau de conscience, favorisant les intuitions créatives profondes. Ce qui n'est plus le cas aujourd'hui.
– Ah bon ? La sophrologie ne se fait plus en position allongée ?
– Non, aujourd'hui, on cherche plutôt à être dans un niveau de conscience assez dynamique, une concentration active et claire, présente à ce qu'elle vit[5].

---

[5] Cette couche de la conscience dite « sophronique », se place dans l'espace liminal de la conscience, au-dessus de l'infraliminal et au-dessous du supra liminal. Lorsque la vigilance se trouve dans la couche « infraliminale », les stimuli extérieurs créés par la voix ne provoquent pas de réactions nettes dans l'organisme, la perception étant réduite, ce qui peut se passer par exemple, lorsque quelqu'un prend des somnifères ou pratique certaines formes de yoga. Lorsque la vigilance se trouve dans la couche « supra liminale », les stimuli se vivent avec une intensité qui dépasse celle qui est nécessaire pour éveiller une sensation ou déclencher un influx nerveux. La perception est décuplée, ce qui peut se passer par

- À quoi cela sert-il ?
- Cela permet d'être davantage dans la perception et l'observation de ce qui se vit en soi, de sortir du jugement en facilitant la mise au repos du mental et de la production de pensées. On trouve ici des ondes « alpha de concentration ». Cela facilite aussi ce que l'on appelle « l'intégration ».
- L'intégration ? avait poursuivi Sophie.
- Oui, l'intégration se fait pendant les moments de silence, où tout ce qui a été vécu grâce aux exercices guidés, se met en cohérence dans les inconscients psychique et biologique. Chaque expérience enrichit la précédente, ce qui nous fait gagner en force émotionnelle, en sécurité et en estime de soi.
- Et l'hypnose, alors, où nous emporte-t-elle ? avait questionné Sophie, toujours avide de connaissance.
- L'hypnose Mesmérienne, du nom de son fondateur, stimule la couche subliminale de la conscience, là où les informations peuvent être captées par l'inconscient tout en étant acté involontairement par le sujet. L'hypnose Ericksonienne, plus récente, fait que le sujet reste conscient de ce qu'il entend et de ce qu'il visualise.

    Du derrière de la porte vitrée qui donnait sur la terrasse, Barbara commençait à s'agiter dans son coin.
- Si je te suis bien, nous avons besoin d'être conscient de ce que nous vivons ? En quoi cela nous est-il utile ? avait grommelé Barbara aux deux filles.
- Ah, tu ne dors pas ? avait rétorqué Sophie. Quelle question ! Si tu n'as pas conscience des choses, comment peux-tu agir dessus ?

---

exemple, lorsque quelqu'un prend des amphétamines ou pratique certaines formes de transe.

Du coup, Barbara s'était tue. Abigaëlle était ravie du questionnement que cela suscitait chez ses amies. Elle était tellement convaincue qu'en favorisant la pleine conscience des choses, cela favoriserait une meilleure présence à soi et aux autres. Elle sentait bien qu'en elle, il y avait tout un monde à découvrir, à explorer, et qu'elle n'en était qu'au commencement. Des mots résonnaient dans sa tête, « intuition », « estime », « amour », « joie », « foi », autant de capacités et de valeurs qu'elle avait envie de vivre dans son univers.

Chapitre VII

La conscience, un état d'esprit qui détermine nos attitudes et nos comportements

Les gens regardaient défiler le paysage par la fenêtre du train qui allait de Paris à Fontainebleau. Personne ne voyait cette femme, assise en début de wagon, qui était en train de s'étouffer en mangeant son sandwich. Chacun était dans ses préoccupations ou ses rêveries. Certains marchaient dans l'allée pour se dégourdir les jambes, d'autres somnolaient. Personne n'avait réagi aux cris d'étouffement de la femme, dont les lèvres commençaient à devenir légèrement bleutées.

Même Abigaëlle n'avait pas saisi la gravité de la situation. Ce n'est que lorsque cet homme s'était penché vers le visage de cette femme en poussant un « à l'aide » puissant, qu'Abigaëlle avait relevé les yeux de sa lecture, pour chercher d'où venait la voix. Elle avait alors compris qu'il se passait quelque chose d'alarmant et avait décidé de se rendre là où elle avait entendu la voix poindre. Certains continuaient à dormir. D'autres paniquaient. Il y avait aussi les curieux qui voulaient voir ce qu'il était en train de se passer.

L'homme avait commencé à effectuer une manœuvre de Heimlich, afin de dégager les voies respiratoires de la femme. Abigaëlle lui avait proposé son aide et elle était partie chercher le contrôleur du train. La femme avait fini par cracher le morceau de pain qui lui était resté en travers de la gorge et avait repris une coloration plus rosée, signifiant que l'oxygène recommençait à bien circuler dans son corps. Le contrôleur était arrivé et avait fait évacuer les curieux, pour redonner de l'espace à la dame.

Gentiment remerciée, Abigaëlle était retournée à sa place, un peu chamboulée malgré tout, constatant comment les attitudes et les comportements étaient si différents dans une même situation. Sa découverte du jour, c'était que la manière dont chacun se positionnait et réagissait face à un évènement donné, était en relation avec son état de conscience. Elle avait vu un panel de réactions, qui allaient des plus fermées aux plus efficaces. Elle reliait ainsi cette situation à ce qu'elle était en train de découvrir au sujet des « états de conscience » dans son livre sur la sophrologie. L'état de conscience y était défini comme l'état d'esprit dans lequel on aborde la vie, influençant la manière d'y participer et de s'y engager, et la sophrologie en décrivait trois.

Dans l'état de conscience dit « pathologique », la manière de voir les choses était altérée et troublée par des pensées limitantes et des émotions excessives comme des peurs, des angoisses ou des doutes de soi, empêchant de se réaliser pleinement. Cela pouvait même se manifester dans le corps sous forme de maladies psychosomatiques ou de troubles psycho-émotionnels récurrents. Abigaëlle avait vu certaines personnes dans ce wagon du train réagir de manière excessive, presque au bord de la panique, avec une capacité à faire aussi paniquer toutes les autres personnes à bord. Elle percevait leur fragilité émotionnelle et leur absence d'énergie pour vraiment gérer la situation.

Dans l'état de conscience dit « ordinaire », la vie était abordée selon des schémas préétablis par l'éducation, la culture ou la religion, sans se poser de véritables questions sur ce qu'on avait envie de vivre ou de créer dans cette vie, sans être capable de poser un nouveau regard sur les choses. Puisque tout avait toujours été ainsi, comment pourrait-il en être autrement ? Abigaëlle avait constaté que certaines personnes ne se sentaient pas vraiment concernées par ce qu'il se passait avec la femme du train. Elles continuaient leur activité, ayant juste levé un coin de l'œil, puis tout aussi rapidement, replongé dans leurs mots croisés. Cet évènement ne semblait pas faire partie de leur vie. Elles avaient probablement l'habitude d'un trajet de train sans surprise ni évènement perturbant, comme ce qu'elles avaient toujours vécu.

Dans l'état de conscience dit « éveillé », le sens de l'existence prenait une autre réalité. On savait qu'on était porteur et acteur de sa propre réalité, que rien n'était « anodin », mais les effets de choix que l'on avait fait antérieurement. Tout choix pouvait être remis en cause à n'importe quel moment de sa vie, même changé toutes les cinq minutes, si ce qu'il produisait n'était pas satisfaisant. La pleine présence à soi permettait l'expression d'une confiance et d'une sécurité existentielles. Au-delà des restrictions et des jugements imposés par un mental rebelle ou acceptant la réalité du plus grand nombre, l'état d'esprit s'ouvrait à de nouvelles opportunités existentielles. Tout devenait possible. Abigaëlle avait vu cet homme porteur d'une assurance telle qu'elle savait qu'il sortirait cette femme de son étouffement. Elle avait perçu dans ses yeux une lueur de connaissance de sa part. Il n'y avait aucune hésitation dans ses gestes. Il semblait être très conscient de la situation et de la possibilité de vie que celle-ci offrait.

- Dans quel état de conscience était cette femme lorsqu'elle avait failli s'étrangler avec son morceau de sandwich ? se demandait maintenant Abigaëlle. Avait-elle laissé de vieilles pensées l'envahir alors qu'elle mastiquait la mie de son pain ? Qu'avait-elle fait comme choix antérieurement qui l'avait amenée à vivre cet étranglement d'aujourd'hui ? Où avait-elle manqué de conscience à cet instant précis de sa vie ? Ce questionnement était passionnant et elle aurait voulu en savoir plus. Mais, elle ne se voyait pas accoster la femme avec toutes ces questions.

Continuant ses réflexions envers elle-même, Abigaëlle n'était pas sûre de n'être que dans un seul état de conscience. Parfois, elle se sentait complètement écrasée par son angoisse. Plutôt « pathologique » comme état ! Alors qu'à d'autres moments, elle perdait espoir, se disant que rien ne changerait. Elle avait l'impression de n'avoir aucun pouvoir sur les choses de sa vie. Tout était tellement « ordinaire » et habituel. Mais aujourd'hui, elle avait comme un éclair de génie et était prête à remettre en cause tous les choix qu'elle avait faits dans le passé et qui l'avait amenée à vivre dans l'angoisse de son futur. Elle avait envie d'autres choses et sentait au fond d'elle-même que c'était possible.

Cet évènement du train lui avait aussi fait prendre conscience que si l'on ne se décidait pas à faire quelque chose pour soi, rien ne changerait vraiment. Cette femme avait peut-être vécu son « déclencheur ». Elle avait failli mourir. C'est probablement de cette expérience dont elle avait besoin pour comprendre l'importance de la vie et des choix qu'elle avait à faire maintenant. Abigaëlle se rappelait l'expérience du chat qui avait été son déclic à elle. Si elle avait envie que les choses changent, il lui appartenait de les faire changer. Comme si ce déclic avait été un nouveau point de création pour une nouvelle vie et qu'elle commençait à en voir aujourd'hui les bénéfices.

Chapitre VIII

La conscience, une force, une énergie

Pas plutôt rentrée qu'Abigaëlle avait téléphoné à Sophie et lui avait raconté l'histoire du train, partageant avec elle toutes les réflexions qu'elle avait pu avoir. Sophie était époustouflée de la manière dont Abigaëlle devenait une exploratrice de l'existence. Chaque situation pouvait être regardée autrement que dans une forme de chronologie linéaire. Chaque expérience pouvait porter en elle-même un espace de réflexion, dans lequel ce n'était pas le rationnel qui intervenait avec sa logique, mais une sorte de connaissance intuitive et perceptive reliée à une conscience en éveil. La conscience était aussi une force, une énergie, un flux d'information, qui animait l'être humain au-delà de toute rationalisation égotique.

- Incroyable ! s'était exclamée Sophie. J'aimerais tant vivre ce que tu vis.
- C'est possible, avait répondu Abigaëlle. Fais de la sophro !
- Tu parles de la conscience comme une énergie. Je n'aurais jamais pensé à cela.
- C'est un des apports de la sophrologie. Être en conscience, c'est aussi apprendre à percevoir cette énergie qui nous constitue. C'est une force que nous avons en nous. Elle maintient en cohérence toutes nos structures psychiques et biologiques internes.

Abigaëlle pensait au psychanalyste Jung et à la dimension du Soi dont il parlait si souvent. Peut-être que ce Soi était une forme d'énergie ?

- J'ai l'intime conviction que nous sommes dans notre infiniment petit, constitués d'énergie. En calmant notre mental et notre affect, en apaisant nos tensions physiques, nous sommes à même de plonger dans un nouvel espace intérieur pour contacter et mobiliser cette énergie.
- Cela me fait penser aux traditions orientales, le Tai-Chi ou le Ki-Gong, avait relancé Sophie.
- C'est vrai que le Pr. Caycédo s'est inspiré de ces approches lorsqu'il a créé les techniques sophrologiques, après avoir fait plusieurs voyages en Chine, au Japon et en Inde, avait complété Abigaëlle. Parler d'énergie dans ces cultures est tout à fait naturel, a contrario de ce que nous vivons en France.
- Développer une culture de l'énergie serait intéressant pour nous maintenir en bonne santé, non ? avait lancé Sophie.
- Oui, tout à fait, avait répondu Abigaëlle. D'ailleurs, c'est un des grands objectifs de la sophrologie, se maintenir en bonne santé. Si l'on considère la conscience comme une énergie, cela nous ouvre de nouvelles voies de bien-être et d'existence. L'énergie dépasse l'aspect de la dualité corps/esprit qui nous maintient dans le jugement.
- Oui, je comprends, ponctua Sophie. La conscience serait indivisible comme l'énergie. Ni bonne, ni mauvaise, nous pourrions apprendre à l'orienter de manière constructive pour réaliser nos projets, plutôt que d'une manière destructive.
- C'est ça ! Tu piges vite, avait relancé Abigaëlle. Tu m'impressionnes.

- Qu'est-ce que tu crois ? Je ne suis pas si inintelligente que ça, avait répondu Sophie en souriant.
- Ce que j'aime avec toi, c'est que nous pouvons aborder tellement de sujets sans se sentir juger. C'est plaisant, vraiment. Si j'avais discuté de la conscience comme énergie avec Barbara, j'en suis sûre, elle aurait réagi.
- Barbara croit peut-être que la terre est plate ! s'était esclaffée Sophie.
- Pas bien, avait répondu Abigaëlle. Tu sais ce que je fais quand j'entends un jugement ?
- Non, dis-moi ?
- Je choisis de recevoir mille euros par jugement exprimé envers moi, ou de donner mille euros à celui ou celle que je juge. Si j'arrête de juger, et que par hasard, d'autres me jugent, je pourrais alors devenir très vite très riche ! avait complété Abigaëlle en riant aux éclats.
- Intéressant comme idée et surtout, original ! Je vais peut-être l'adopter. Donc, tu veux dire que par le commentaire que j'ai fait, Barbara s'est enrichie de mille euros ?
- Pourquoi pas ? avait soufflé Abigaëlle d'un ton léger.

Toutes les deux s'étaient arrêtées quelques instants pour reprendre leur souffle, tellement leurs rires s'étaient fait entendre.
- La conscience est originale, comme le sont les empreintes digitales des doigts de la main, avait repris Abigaëlle. C'est drôle, non ? Je trouve intéressant de rechercher comment chacun peut exprimer son originalité, car nous ne vibrons pas tous de la même manière aux mêmes choses.
- C'est un sacré paradoxe, avait repris Sophie. Car en même temps, la conscience n'est-elle pas universelle ?

- C'est certain, avait répondu Abigaëlle, et en même temps passionnant. La question du moment : comment puis-je exprimer la pièce du puzzle que je suis, tout en contribuant de manière cohérente au tableau d'ensemble. C'est là où je peux créer une nouvelle réalité. La conscience est dynamique, toujours en mouvement. Si je veux la figer dans quelque situation que ce soit, à cause de mes pensées limitées, c'est comme si je m'arrêtais de vivre. La conscience aime créer et évoluer.

Sophie semblait rêveuse. Est-ce que c'est ce qui permettait d'être heureux en se réalisant pleinement ? Grâce à cet échange avec Abigaëlle, elle commençait à entrevoir le côté transcendantal de la conscience. Elle sentait que tout son être était en train de se déployer et de s'agrandir, comme si elle se plaçait au-delà des limites du corps et du temps. Était-ce cela que l'on nommait l'espace ? Elle n'avait plus envie de parler et sa pensée était au repos. Elle avait l'impression d'être illimitée. Qu'est-ce que cela faisait du bien !

Abigaëlle sentait qu'il se passait quelque chose pour Sophie. Elle n'avait pas envie d'intervenir de quelque manière que ce soit. Elle avait envie de respecter ce que Sophie semblait vivre. Une ambiance de paix et d'harmonie profonde se dégageait de son visage. Elles vivaient ensemble un moment d'éternité, dans lequel les paroles n'auraient eu aucune importance.

Chapitre IX

Apprendre à évacuer le « négatif » pour apaiser le corps et l'esprit

En cette fin de journée, Abigaëlle se sentait « patraque » en allant à son rendez-vous sophrologique. Son angoisse la reprenait au niveau de l'estomac et de la gorge, comme un poids qui l'oppressait. Elle n'avait eu que des soucis dans sa journée. Elle se rendait bien compte qu'elle n'avait pas encore le « réflexe sophro » et qu'elle gardait toujours ses vieilles habitudes. Me Durand l'avait prévenue. Même si elle avait bien aimé la séance sur la respiration et la détente musculaire, elle n'avait pas encore acquis l'automatisme pour utiliser ces exercices quand elle allait mal. Pourtant, se concentrer sur la respiration, ce n'était pas compliqué. Elle aurait pu desserrer son nœud à l'estomac et à la gorge, en amplifiant sa respiration à partir de l'abdomen, avec l'intention de décontracter ses muscles. Elle aurait aimé avoir un aspirateur pour nettoyer ses tissus de toutes ces angoisses, et sa tête, de toutes ces pensées qui tournaient en boucles infinies dans sa tête. Me Durand avait-elle cela en rayon ?

- Bonjour Abigaëlle, comment allez-vous aujourd'hui ? lui avait demandé Me Durand.
- Pas au top ! avait répondu Abigaëlle. J'ai eu beaucoup de contrariétés et je n'ai pas réussi à décoincer mon plexus solaire. J'ai bien compris qu'il fallait que je me trouve un automatisme pour penser à utiliser les exercices appris quand j'étais tendue, mais je me rends compte que ce n'est pas si

facile. Par contre, j'arrive à me relaxer le soir. Je m'endors souvent avant la fin de l'exercice.
- Bravo ! Vous commencez à vivre la sophrologie, avait rétorqué Me Durand avec bienveillance. Un petit peu de pratique tous les jours, et de grands bénéfices dans le temps. Allez ! Un petit conseil de Goupil !

Cette dernière parole redonnait le sourire à Abigaëlle.
- Pour prendre une nouvelle habitude, avait continué Me Durand, prenez rendez-vous avec vous-même dans votre agenda. Essayez de pratiquer l'exercice toujours au même moment pour vous l'approprier… Dix à quinze minutes par jour suffisent. Les neurosciences nous apprennent qu'une pratique quotidienne et régulière pendant trente jours de suite, génère de nouveaux circuits neuronaux, qui soutiennent la création d'un nouveau savoir-faire. C'est comme cela que s'acquiert un nouvel automatisme. Lorsque vous en aurez besoin, votre corps saura vous donner intuitivement, l'indication de l'exercice qui sera le meilleur pour vous apaiser et vous sentir mieux.

On aurait dit un Maître Jedi qui accompagnait son Padawan. Abigaëlle n'avait pas pu s'empêcher de sourire une nouvelle fois. Me Durand avait poursuivi :
- Pour la séance du jour, nous allons pratiquer un exercice pour nettoyer le corps et l'esprit de son contenu « négatif ». Il se nomme le **Sophro-Déplacement du Négatif**.
- C'est exactement ce qu'il me fallait ! pensa Abigaëlle.
- Je pense que là où vous en êtes, vous vous dites que vous avez besoin d'apprendre à vous libérer de tout ce qui vous encombre, que ce soient les pensées parasites, les tensions

émotionnelles ou encore, les différents points d'oppression dans votre corps.

C'est comme si cette sophrologue savait tout d'Abigaëlle. C'était impressionnant !

- Vous savez, Abigaëlle, avait poursuivi Me Durand, lorsque l'on est angoissé, il y a souvent trois zones de pression à l'avant du corps : le plexus solaire, le thorax et la gorge. Vous allez apprendre à évacuer ce « négatif » physiquement et émotionnellement. Les émotions qui stagnent dans le corps produisent, en lui, une baisse de son énergie, avec comme effet rebond, un affaiblissement tissulaire. Pour n'en nommer que quelques-unes, la colère, la tristesse, l'angoisse, mais aussi les sentiments d'échecs, d'abandon, de culpabilité ou de ressentiment. Vous allez faire comme un « déplacement » de ce stress à l'extérieur de vous-même, en utilisant l'intention et la puissance du souffle. Cela permet de prendre du recul par rapport aux situations difficiles. Sans refouler ni inhiber, la situation peut être explorée différemment, grâce à un autre état d'esprit, sans être dans le contrecoup réactionnel du stress.

Abigaëlle était pressée de commencer la séance car rien que d'entendre parler de ce « négatif », elle en avait presque la nausée. Me Durand l'informa que le temps fort de l'exercice était l'expiration. Elle devait expirer comme si elle soufflait sur une bougie qui se trouverait environ à un mètre d'elle, avec l'intention de placer au dehors d'elle, les éléments encombrants sa conscience. L'efficacité de l'exercice était reliée, en plus de la manière de souffler, à une réelle connexion avec ce qu'elle voulait évacuer, sans faire aucun jugement sur le contenu même de ce qu'elle vivait.

En commençant par modifier le niveau de conscience grâce à la Sophronisation de Base, l'évacuation du stress se ferait par segment du corps, en commençant par la tête et le visage, et alternerait des moments de contraction, puis de relâchement musculaire. L'expiration serait alors reliée à l'intention de laisser partir toutes les pensées de limitation et d'anticipation négative du futur, alimentant le manque de confiance en soi, les doutes et les culpabilités. Pour le cou, les épaules et les bras, il serait intéressant de chasser toutes les obligations qu'Abigaëlle pouvait se donner et qui ne lui étaient plus nécessaires, ainsi que tous les non-dits, les choses qu'elle avait encore au travers de la gorge, le contrôle qu'elle voulait avoir sur les situations et sur les gens. Ensuite, pour le thorax, se débarrasser des chagrins, des tristesses, des sentiments d'abandon ou de traîtrise aurait l'effet d'alléger la respiration, pour alimenter une nouvelle joie de vivre. Elle continuerait par nettoyer la partie abdominale, pour libérer le plus possible tout ce qui n'avait pas été digéré et assimilé émotionnellement, et tous les stress qui auraient pu s'accumuler au niveau des reins et des surrénales, pour aider à les ressourcer. Enfin, elle terminerait par le bassin et les jambes, pour chasser la fatigue, le manque d'action, ou encore le manque de plaisir à la vie.

Ravie de cette possibilité d'alléger son corps et son esprit, Abigaëlle ne doutait pas un seul instant de l'efficacité de cette méthode, même si elle ne savait pas encore vraiment comment tout cela fonctionnait. Me Durand l'informa qu'elle expliquerait à chaque fois l'exercice avant de le réaliser trois fois ensemble. À la fin de la pratique du jour, une pause silencieuse nommée de « totalisation » permettrait à Abigaëlle de percevoir les phénomènes présents, vivre ce qu'est un corps détendu, expérimenter ce qu'est un esprit calme, un état d'être tranquille ou encore joyeux, selon sa propre expérience.

Me Durand invita alors Abigaëlle à s'installer confortablement dans le fauteuil, à se concentrer pendant quelques instants sur sa respiration, son mouvement, le flux de l'air qui entre et qui sort, avant de commencer le processus de sophronisation.

Après l'exercice, Abigaëlle n'avait plus de nœud à l'estomac. Elle sentait son corps comme si elle le vivait de l'intérieur. Elle se sentait vraiment bien, comme allégée d'un poids. Cet état lui donnait envie d'y être plus souvent. Me Durand avait raison dans ce qu'elle lui avait dit. Mais rien ne valait l'expérience réelle. Elle avait l'impression d'être retournée dans sa maison et c'était agréable.

Chapitre X

La conscience a toujours évolué et elle évoluera toujours !

Abigaëlle avait réussi à convaincre ses amies, Barbara et Sophie, d'assister à une conférence philosophique, préconisée par Me Durand. Elles étaient dans la file d'attente devant la grande salle des ventes à Fontainebleau, à quelques mètres à peine de la porte d'entrée. Il faisait un peu froid. Barbara, dans sa phase de curiosité, voulait en savoir plus. Sophie, plus prête à jouer le jeu de la découverte, restait dans la présence de ce qui se passait, observant les uns et les autres. Des couples qui ne se parlaient pas. Des trios qui discutaient sans cesse. Et cette femme qui venait juste d'arriver et qui avait commencé à lier connaissance avec des personnes placées juste devant elle. Une excellente manière, somme toute, de ne pas faire la queue ! Elle n'avait pas pu s'empêcher de la juger « gonflée » et irrespectueuse de toutes les personnes qui attendaient depuis peut-être des heures.

La salle où avait lieu la conférence était agréable. Une estrade et un pupitre en bois rappelaient un temps ancien, où l'on pouvait imaginer des ventes mémorables comme le médaillon ayant appartenu à Napoléon. Bien installée sur des fauteuils en velours beige, au troisième rang, Abigaëlle lança enfin le sujet de la conférence à ses amies. Elle s'intéresserait à la manière dont la conscience avait évolué, depuis les premières formes de vie sur terre jusqu'à aujourd'hui. Elles avaient une vue parfaite sur le conférencier. Dès les premières paroles du philosophe,

Abigaëlle avait commencé à se laisser porter, plongeant dans un espace-temps au-delà de cette réalité.

« Un des principes fondateurs de l'évolution génétique, est qu'une sélection naturelle se réalise à chaque génération. Pour les théoriciens, l'environnement est posé comme un facteur déterminant de mutations. L'ADN, acide désoxyribonucléique, molécule présente chez tous les êtres vivants dans le noyau de leurs cellules, en détermine leur constitution physique, la couleur de leurs yeux ou encore, l'épaisseur de leur peau. Si un gène représente un avantage pour une espèce dans un environnement donné à un moment donné, il se transmet chez tous les individus de la même espèce. Au contraire, s'il n'est plus utile ou devient néfaste, il disparaît. Par exemple, à l'époque des premiers hommes sur terre, leur peau était plus épaisse, les températures étant plus fraîches et le climat moins protecteur qu'aujourd'hui. »

Abigaëlle jetait, dans la pénombre, un coup d'œil rapide à ses amies. Elle les voyait attentives aux paroles du conférencier, ainsi qu'au diaporama qui était projeté sur un grand écran blanc. Elle se sentait rassurée et c'est avec un esprit léger qu'elle avait envie d'en savoir plus sur le sujet.

« D'autres théories scientifiques mettent le stress comme un facteur aussi important de la mutation de l'ADN. En 1950, le Dr Hans Selye définit le stress qu'il nomme le Syndrome Général d'Adaptation, comme les réactions de l'organisme face à un évènement considéré comme dangereux ou inhabituel pour un individu. Elles sont physiologiques, comme l'accélération de la respiration, l'augmentation de la tension artérielle, l'apparition de sueurs ou encore de migraines. Elles sont aussi émotionnelles, comme la colère, l'angoisse, ou les peurs. Bien évidemment, elles touchent également le domaine psychologique. La susceptibilité, la répétition des pensées, le sentiment d'échec sont des effets du stress. Nous pouvons dire que tout le monde stresse même si cela n'est pas reconnu par un plus grand nombre.

Ce médecin nous explique que physiologiquement, continua l'orateur, notre corps produit des sécrétions biochimiques à chaque fois qu'il est nécessaire pour l'individu de s'adapter à un nouveau contexte. Ces sécrétions stimulent la partie reptilienne de notre cerveau, celle de l'instinct, poussant l'individu à réagir pour se protéger. Dans les années soixante-dix, Walter Cannon met en évidence que le Système Activateur de l'Action, prédominé par l'Adrénaline, incite le sujet au combat et à l'agressivité. Alors qu'Henri Laborit découvre un autre fonctionnement biologique, le Système Inhibiteur de l'Action, soumis aux sécrétions de Cortisol. Si celui-ci l'emporte dans le corps, il implique chez la personne des réactions de fuite et d'introversion. La difficulté pour l'être humain réside dans l'incapacité à gérer ces réactions de façon réfléchie, ce qui maintient un déséquilibre interne, avec un effet cumulatif dans le temps. »

Comme c'était passionnant ! Abigaëlle comprenait enfin les raisons de toutes ces sensations dans son corps. C'était sa manière de l'informer que quelque chose n'allait pas dans sa vie ou était dangereux pour elle. Il était finalement son meilleur ami. Elle faisait des liens avec la sophrologie, qui lui apprenait à ne pas réagir par instinct, mais à se calmer par la respiration, pour retrouver une clarté d'esprit ; ce qui lui permettrait de mener des actions plus efficaces pour gérer au mieux les situations rencontrées.

« Ainsi, poursuivit le philosophe, en fonction des situations nouvelles rencontrées au travers des âges, l'espèce humaine a dû s'adapter. En matière de conscience, c'est une véritable Alèthéia[6] qui s'est produite, un processus de dévoilement de conscience basé fondamentalement sur l'expérience des choses. D'éveils de conscience en éclaircissements, l'être humain a développé de plus en plus les capacités à intervenir sur son environnement, créant ainsi de nouvelles conditions de vie. La conscience est faite pour croître et pour grandir. Elle a toujours évolué, elle évolue et elle évoluera encore. »

Les diapositives défilaient, appuyées par la voix douce et pourtant percutante du conférencier. Abigaëlle et ses amies se laissaient porter par ses paroles, sans aucune difficulté. Elle avait même l'impression d'être ses paroles, tellement tout était limpide et d'une telle évidence. Elle se retrouvait complètement dans cette découverte des choses de la vie.

« Je vous propose maintenant de faire un saut dans le temps, pour nous retrouver avant même la préhistoire.

---

[6] Pour rappel, dans la mythologie grecque, Léthé était une personnification de l'Oubli. Le mythe dit qu'après avoir passé un temps dans l'Hadès, l'univers des morts, l'âme obtenait la faveur de revenir sur terre pour « habiter » un corps et vivre sa destinée. Malheureusement, en revenant dans le monde des vivants, elle devait perdre le souvenir de sa conscience et boire les eaux du fleuve Léthé, séparant le monde des morts de celui des vivants, ce qui entraînait une amnésie de ce qu'elle était vraiment.

Savez-vous comment était la conscience avant l'apparition du genre « Homo » ? »

Le philosophe se tut quelques instants, laissant un silence balayer la salle. C'était une question inattendue. Tout le monde semblait être figé sur son fauteuil. Il y a parfois des questions qui vous font faire un arrêt sur image tellement elles sont improbables.

« Quelque 3 à 5 millions d'années environ avant notre ère actuelle jusqu'à 120 000 ans avant J-C, reprit l'orateur avec un léger sourire, la conscience en est à l'état de « Tanière ». Au début de cette époque, l'homme vit seul, replié sur lui-même, un peu comme un animal. Il fait entièrement partie de la nature et ne se différencie pas d'elle. La véritable conscience des choses commence par le fait que l'homme sait qu'il est né et qu'il est mortel. Mais le champ de conscience reste très restreint car le regard sur l'autre et de l'autre n'existe pas. Sans projection ni introjection, l'identification ne peut pas se faire. La conscience en est à l'état fusionnel, où l'objet et le sujet ne se distinguent pas ou très peu. L'autre est considéré, soit comme semblable et on l'ignore, soit comme dangereux, et on l'agresse. Les activités de la vie courante qui en découlent sont simples, la chasse et la cueillette pour se nourrir, la défense du territoire, et le refuge dans la tanière pour se protéger. Le seul vrai contact avec l'autre se réalise lors de l'accouplement. C'est l'époque de l'individualisme existentiel, où l'homme est un être solitaire, sauvage, hargneux et insociable. »

Abigaëlle voyait Sophie faire un sourire en coin. Elle savait ce que son amie pensait. Encore aujourd'hui, on pouvait rencontrer des humains porteurs d'une conscience tanière. Leurs regards se croisèrent et elles sentirent qu'elles avaient envie de rire. Barbara dodelinait de la tête, sans vraiment savoir ce qu'elle devait en penser.

« Puis l'homme développe sa conscience de l'autre durant une période qui se situe entre 120 000 ans et 20 000 ans avec J-C. Il se rend compte que la force réside dans l'union, qu'il appartient à une même espèce. C'est la conscience « Caverne » qui se dévoile par l'intermédiaire des enfants, dans l'expérience que l'autre ne mord pas. Les notions d'identité et d'espace social commencent progressivement à apparaître par le regroupement d'une famille par grotte, puis l'organisation en clans, en tribus, et enfin en villages. Ceux-ci se structurent autour de l'agriculture et de l'élevage. La communication s'effectue à cette époque par des gestes et des sons, les capacités cognitives n'étant pas encore suffisantes pour mettre les idées en mots. Nous avons retrouvé des représentations rupestres sur les murs de grottes environ 20 000 ans avant J-C, marquant le début d'activités artistiques. Les premières sépultures sont retrouvées au Proche-Orient, il y a 100 000 ans, ce qui nous fait dire que l'homme a alors peur de la mort. Il vénère la nature et le soleil et commence à essayer d'expliquer la réalité par l'expression orale de mythes. C'est l'époque du développement de la valeur de groupéité existentielle.

L'apprentissage du langage se poursuit pendant une troisième période allant jusqu'à 600-500 avant J-C. C'est la conscience du « Logos ». Les gens communiquent par la langue, la voix, la parole et organisent de mieux en mieux la pensée par le langage, en donnant du sens aux mots. Le sentiment de communauté ethnique s'installe alors, évoluant par celui d'appartenir à une nation, puis à un peuple. C'est l'apparition des valeurs existentielles de la société et de l'humanité. L'homme développe pendant cette période des approches visant à la connaissance, comme la philosophie, l'économie, la morale, l'éthique ou encore, l'humanisme. C'est à cette époque que l'on voit apparaître des civilisations d'avant-garde, entre le Tigre et l'Euphrate, puis des philosophes de renom, comme Platon, Pythagore et Socrate. À la même époque, on entend parler de Siddhârta Gautama en Inde, de Confucius et de Lao-Tseu en Orient, porteurs d'une sagesse transcendantale. »

Barbara commençait à remuer sur son siège. Des pensées lui traversaient l'esprit. Est-ce que cette conférence allait évoluer vers une commémoration de tous les hommes qui avaient contribué à l'évolution d'une philosophie spirituelle ? Ce n'était pas tellement son truc. Elle avait l'impression que le philosophe l'avait entendu lorsqu'il commença à parler d'une quatrième période dans l'évolution de la conscience, celle en rapport avec le « Théos ».

« Le développement du monothéisme dans le monde marque une nouvelle expérience dans l'état de conscient humain ; ce qui implique un abandon progressif de la croyance en la magie et dans les pouvoirs surnaturels de dieux hypothétiques, reprit l'orateur après avoir bu sereinement une gorgée d'eau. »

Barbara continuait de s'agiter sur son fauteuil. Elle se sentait obligée d'entendre ce discours, alors qu'elle n'aurait eu qu'une envie, celle de sortir rapidement de la salle. Elle n'adhérait à aucune croyance religieuse. Cela la rebutait foncièrement. Mais par respect pour ses amies, elle prenait son mal en patience.

« C'est une période assez longue d'évolution de la conscience qui s'étend jusqu'au XVe siècle environ. Elle débute par l'avènement d'un dieu unique, bon, placé comme créateur et sauveur. L'église et le gouvernement ne font qu'un. Le pouvoir de diriger les hommes est remis dans les mains de ce Dieu unique, basé sur la religion et la foi. La conscience mature autour de cette valeur de la divinité, développant un sentiment de reconnaissance et d'appartenance à une même croyance au-delà de toute nationalité. Nous voyons alors les différents modèles de foi s'exprimer et grandir, se manifestant de manière spécifique selon les cultures et les régions du monde. Les arts et les sciences avancées commencent à se révéler comme des moyens de communication au-delà de la langue, dépassant ainsi les frontières culturelles. »

Barbara n'en pouvait plus. Elle aurait eu envie d'une pause-café, d'un moment pour prendre l'air. Elle n'avait aucune idée de ce qui se jouait en elle maintenant. Elle savait juste que ce sujet du « Théos » l'énervait. Elle entendait Sophie lui dire qu'il y avait quelque chose de réprimé dans son inconscient. Elle imaginait Abigaëlle la faire respirer profondément. Cela lui changeait les idées, en espérant que le philosophe allait enfin parler de la période suivante.

« Ce n'est qu'à partir des XVe et XVIe siècles que l'on voit émerger la conscience appelée « Cogito ». Certains hommes saturent du mysticisme dans lequel une majorité évolue. Ils veulent trouver des modèles de compréhension logique et rationnelle du monde. Descartes amène une véritable révolution de la pensée, avec sa grande idée du « Je pense, donc je suis », et pose le doute méthodique, la négation systématique et la force de l'évidence, comme bases de cette nouvelle conscience. On s'éloigne encore un peu plus de la magie, au fur et à mesure que les explications rationnelles du monde prennent place. Des hommes comme Copernic, Galilée, commencent à étudier le monde autrement, en utilisant les sciences physiques, mathématiques et chimiques. C'est vraiment dans cette cinquième période que débute la dissociation de l'objet comme sujet d'étude, le monde, et du sujet comme observateur de l'étude, l'humain, créant ainsi une véritable dualité. Nous avons ici des hommes qui ne croient plus qu'en ce qu'ils peuvent démontrer et prouver scientifiquement. La conscience s'exprime par la valeur de l'universalité, pour mettre en évidence des principes universels de fonctionnement du monde. »

Barbara se sentait soulagée. Elle avait l'impression que son orage intérieur était passé. Ah ! La science, la logique, le raisonnement, il n'y avait que cela de vrai ! Elle retrouvait son sentiment intérieur de sécurité, rien qu'en entendant des noms comme Descartes, Copernic, Galilée.

Chapitre XI

Et le XXIe siècle alors ?

« À partir du XIXe siècle, poursuivit sans effort le conférencier, on recherche à nouveau l'unité entre une vision rationnelle du monde et celle plus intuitive de la phénoménologie. Certains hommes, comme Freud, font évoluer la psychologie avec sa théorie de l'inconscient. Jung, pionnier de la psychologie des profondeurs, met en relation la psyché qu'il appelle l'âme et ses manifestations culturelles. Hegel[7] et Husserl[8] veulent redonner des bases philosophiques à la science et des bases scientifiques à la philosophie, en sortant des préjugés et des aprioris. Dans

---

[7] Georg Wilhelm Friedrich Hegel (1770-1831), philosophe allemand, présente la philosophie comme un système de tous les savoirs, comme une « phénoménologie de l'esprit », englobant aussi bien la métaphysique que la philosophie de l'histoire, de l'art, de la morale, de la politique et du droit.

[8] Edmund Husserl (1859-1938) est un philosophe allemand, mathématicien et logicien. Il est le fondateur de la phénoménologie que l'on peut définir comme une manière d'aborder l'existence ainsi qu'une méthodologie pour accéder à la vérité des choses. C'est la science des phénomènes tels qu'ils apparaissent dans la conscience. Il reprend le concept « d'intentionnalité » apporté par Franz Brentano qui implique le fait d'être conscient de quelque chose, qu'il relie au concept de « réduction phénoménologique », impliquant la notion « d'épochè » ou capacité à mettre entre parenthèses les a priori et les jugements (terme emprunté à la philosophie grecque). La phénoménologie implique donc de revenir au phénomène en lui-même, à la subjectivité du phénomène vécu et à l'essence des structures universelles qui transparaissent et émergent dans la conscience et l'expérience de ces phénomènes.

cette sixième période, la phénoménologie se détache de la philosophie traditionnelle, grâce à des idées innovantes pour l'époque, comme le concept de « nouveau regard » sur les choses, redonnant de l'importance à l'expérience plus qu'à la pensée rationnelle, ou encore, la capacité de la conscience de s'étudier elle-même, permettant l'émergence d'une vision différente portée sur le monde. Elle promeut l'idée d'une essence avant l'existence et la possibilité de développer une attitude transcendantale et naturelle, en pouvant imaginer que les choses ne sont pas toujours comme on les voit.

Actuellement, et ceci depuis le début du XXe siècle, l'ouverture d'esprit a permis l'émergence de nouveaux espaces d'expériences. Einstein affirme son principe de relativité. Des hommes étudient l'infiniment grand, pour comprendre le cycle de vie des étoiles. Ils découvrent de nouveaux corps célestes comme les pulsars ou les quasars. De nouvelles théories cosmologiques expliquent la création et l'expansion de notre univers. D'autres hommes explorent l'infiniment petit et découvrent la structure de l'ADN. La mécanique quantique nous informe d'un fonctionnement différent des molécules, en constatant avec stupéfaction qu'une molécule change de comportement, lorsqu'elle est observée. Après l'exploration de l'esprit grâce à des méthodes comme la méditation, c'est l'exploration du corps grâce à des méthodes comme la sophrologie, redonnant de l'importance aux sensations et aux sentiments intérieurs par rapport aux idées et aux pensées. La conscience a davantage envie d'exister dans une harmonie corps et esprit réunis. »

Abigaëlle était ravie mais étonnée d'entendre parler de la sophrologie par cet homme. Elle comprenait maintenant ce qui faisait de la sophrologie une méthode moderne, même si celle-ci s'appuyait sur des techniques et des philosophies ancestrales. Elle faisait donc partie des gens sur terre qui avait envie de vivre une conscience harmonieuse, dans laquelle le corps et l'esprit apprenaient à vivre de manière cohérente. Ce projet existentiel lui plaisait toujours autant.

« Depuis les années 1960, poursuivit le philosophe, il semblerait que se développe un courant de réflexion qui mette en avant une forme de spiritualité laïque dotée d'une implication sociale plus investie. C'est l'idée d'un « nouvel âge », conception plutôt américaine, ou encore celle de « créatifs culturels », conception plutôt européenne.

Martin Geoffroy[9], sociologue, pour avoir étudié ces nouveaux courants de pensée, nous en dit un peu plus. Je le cite : les institutions primaires, comme le gouvernement et l'Église, n'ont plus beaucoup de crédibilité aux yeux des populations occidentales et elles sont généralement coupées de la réalité des individus. La spiritualité humaine et la recherche d'un sens à la vie s'expriment désormais dans de nombreuses institutions secondaires. Ces organisations, contrairement à la croyance populaire, sont rarement sectaires. Pour lui, plusieurs éléments caractérisent ces nouvelles conceptions. »

Sophie était tout ouïe. La sociologie l'intéressait vraiment. Elle pressentait que le monde était dans un changement de façon de penser. Cette conférence répondait à l'une de ses grandes questions, à savoir, quelles étaient les

---

[9] Pour une typologie du nouvel âge - Martin Geoffroy, Ph.D. sociologue, professeur adjoint au collège universitaire de Saint-Boniface, université de Manitoba

possibilités d'évolution de notre humanité, alors que dans le monde, il y avait encore des conflits et des guerres. Cette nouvelle connaissance lui redonnait de l'espoir.

« Quels sont donc les points communs à ces nouveaux courants de conscience ? lança le philosophe d'un ton interpellant, comme s'il voulait réveiller l'assemblée. Tout d'abord, la dimension de l'expérience des choses se place en axe central, les gens ne voulant plus n'être que dans une compréhension intellectuelle de ce qui se passe. L'idée que l'on peut se transformer soi-même est toujours présente, mais l'aspect analytique commence à être mis de côté. Les techniques psychocorporelles mettent le corps en avant, comme un atout principal pour aller bien, et invitent à mieux le connaître et le comprendre. Le souhait d'une vie terrestre durable et équitable prend place. La vision du monde se veut plutôt moniste, avec l'idée que le monde matériel et le monde spirituel ne sont qu'un. Elle s'oppose ainsi à celle, dualiste, des religions traditionnelles. La faculté d'optimisme est cultivée quant aux possibilités positives de développement de l'humain, plutôt que de rester axé sur le défaitisme et la sinistrose. Il existe aussi une éthique de l'amour et de la bienveillance, commençant par l'amour de soi sans égocentrisme, comme base d'une individualité saine. Enfin, l'autonomie individuelle est primordiale au sein des groupes, même si chacun se relie dans des projets communs. »

Abigaëlle se retrouvait complètement dans cette manière de penser qui pouvait être jugée par certains, au mieux comme avant-gardiste, au pire comme « à côté de la plaque ». Cela lui faisait du bien ! Un rapide regard vers Sophie, lui montrait qu'elle aussi était en accord avec le discours entendu. Quant à Barbara, elle secouait la tête de droite à gauche, signifiant une sorte de « n'importe quoi ! ».

« Martin Geoffroy, continuait l'orateur, nous parle de différents axes de réflexion autour desquels s'articulent des démarches innovantes pour l'avenir. L'orientation sociale entretient l'idée qu'il est nécessaire d'évoluer culturellement et socialement, en tenant compte d'une vision plus holistique de l'univers, le considérant comme un seul système complexe et unifié, dans lequel les actions de chacun influencent celles des autres. Elle pose comme une priorité le besoin d'un respect plus grand des droits humains, malgré les différences de points de vue, redonnant de la grandeur à la valeur de la fraternité. L'écologie fait partie intégrante de cette dimension sociale, et pose la nécessité que l'homme prenne conscience de la fragilité de la terre, se préoccupe de son avenir et choisisse de vivre en harmonie avec elle ; d'où le choix d'aller vers une agriculture biologique, une alimentation naturelle, une utilisation de produits biodégradables et d'énergies douces. »

Barbara se trémoussait maintenant sur son siège. Elle était prise d'une soudaine envie d'uriner. Pouvait-elle se lever sans déranger ses voisines ? Ou était-elle obligée de tenir encore un peu ? Elle n'avait aucune idée du moment où prendrait fin cette conférence. Elle avait envie de poser la question à Abigaëlle. Mais elle la voyait tellement absorbée par les paroles du conférencier, qu'elle préférait choisir de se taire. Alors, en essayant de faire le moins de bruit possible, elle s'était levée et dirigée discrètement vers l'arrière de la salle où elle avait repéré les toilettes. Pendant ce temps, le philosophe poursuivait sa présentation.

« La dimension culturelle fait appel à des artistes qui cherchent de plus en plus à retrouver les racines du « sacré », que ce soit dans la musique ou dans les arts de la danse. La peinture et la littérature servent à stimuler l'éveil de la conscience vers la découverte de soi, offrant ainsi aux publics des possibilités de cheminement personnel plus poussé. La dimension spirituelle, quant à elle, repose davantage sur un savoir intuitif des choses, dépassant les croyances et les convictions religieuses. Une importance nouvelle est accordée à la réalisation personnelle, une volonté de retour au soi réel qui est naturellement bienveillant, pour contribuer à une harmonie collective. Enfin, la dimension bio-psychologique nous transporte vers une approche holistique de la santé. Certains considèrent la médecine d'aujourd'hui incapable de venir à bout de certaines « pathologies » du siècle, comme les maladies psychosomatiques ou le stress. Ils la considèrent comme étant trop « mécaniste », ne tenant pas assez compte de tous les aspects de l'être humain et de ses dynamiques internes et externes. Ils lui reprochent d'être trop médicalisée et trop « psychologisée », traitant des situations qui autrefois, n'auraient été abordées que d'un point de vue moral. Dans cette conception holistique, l'individu porte en lui les éléments de sa propre « guérison » intérieure, autrement dit, de sa réconciliation existentielle d'avec lui-même ; les praticiens ou les conseillers ne sont que des guides sur son cheminement. Nous voyons donc apparaître des méthodes dites « holistiques ou intégratives », fondées sur une approche globale de la santé pour rééquilibrer l'organisme humain[10], en tenant compte des chocs émotionnels et

---

[10] C. Damiani, *La médecine douce,* ouvr. cité, p. 28.

psychologiques rencontrés dans la vie. Pour n'en citer que quelques-unes, nous trouvons l'acupuncture, le toucher thérapeutique, la chiropraxie, le toucher énergétique, la réflexologie, ou encore la visualisation. Les méthodes dites « humanistes » sont plutôt centrées sur l'activation et la croissance des potentiels de l'individu, incluant l'étude des attitudes et des comportements, comme la gestalt-thérapie, le rebirth ou encore la sophrologie.

Barbara n'osait pas retourner à sa place. Elle avait questionné l'hôtesse d'accueil qui l'avait informée d'une fin proche de la conférence. Elle se tenait debout au fond de la salle, écoutant les presque dernières bribes d'un discours bien construit.

« Cette maturation de la conscience collective se retrouve, dans toutes ces étapes, aussi sur un plan individuel. En conclusion, lança le philosophe, j'aurais envie de vous inviter à envisager votre évolution personnelle comme une manière de manifester la vérité que vous portez en vous, et ceci dans tous vos projets. J'aurais envie de vous inviter à devenir le contributeur d'un monde meilleur, en reliant davantage l'esprit à la matière, de manière harmonieuse. Comme l'a un jour évoqué Malraux : « *Si le prochain siècle devait connaître une révolution spirituelle, ce que je considère comme parfaitement possible (probable ou pas n'a pas d'intérêt, ce sont des prédictions de sorcières, mais possible), je crois que cette spiritualité relèverait du domaine de ce que nous pressentons aujourd'hui sans le connaître, comme le XVIIIe siècle a pressenti l'électricité grâce au paratonnerre. Alors qu'est-ce que pourrait donner un nouveau fait spirituel vraiment considérable ? Il se passerait évidemment ce qui s'est passé avec la science*[11]. » Et l'orateur conclut avec ces mots : « Je vous remercie de votre attention. »

    Abigaëlle et Sophie, encore tout ébahie par ce discours, n'avaient aucune question. Elles avaient retrouvé Barbara au fond de la salle. Abigaëlle n'avait pas envie de parler. Elle se sentait même un peu engourdie. Elle percevait bien que toutes ces paroles étaient justes, que tout le monde avait sa place à prendre pour contribuer à cette évolution. Qu'elle aussi avait sa place à prendre. En sortant de la salle, elle avait l'impression de flotter dans un espace d'infinies possibilités !

---

[11] Extrait de « A propos de la réincarnation » d'André Malraux, Cahiers de l'Herne, p. 396-399

Chapitre XII

Apprendre à mobiliser l'énergie de la biologie pour en favoriser la santé

Abigaëlle commençait à comprendre l'importance d'être présente dans son corps. Il représentait un véritable monde dont il fallait connaître le langage. Il lui donnait tant d'indications sur ce qui était bon pour elle ou pas, en termes de sensations. Lorsqu'elle voulait choisir quelque chose, si elle se sentait légère, c'est que la chose était vraie et bonne pour elle. Si elle se sentait lourde, c'est qu'elle devait favoriser une autre approche.

Mieux connaître son corps passait par différentes étapes. Au fur et à mesure de la pratique sophrologique, de la simple conscience d'un corps anatomique, elle commençait à percevoir son schéma corporel. Plus il se dévoilait, plus Abigaëlle vivait sa corporalité. Me Durand lui avait expliqué que la corporalité était une double communication entre le corps et l'esprit. Elle deviendrait de plus en plus capable de décoder clairement les informations que son corps lui envoyait. Elle pourrait aussi lui impulser des demandes par des intentionnalités respectueuses auxquelles il pourrait répondre avec aisance.

Abigaëlle comprenait que le corps était une véritable dimension, un véritable univers. Plus elle réussirait à « descendre » dans l'infiniment petit du corps, à le percevoir, plus elle pourrait en mobiliser son énergie, en fonction de ce qu'elle avait envie de vivre. La dimension corporelle était la forme et la structure qui recevait le fond de son être, le véhicule qui lui permettait d'agir dans son existence, en fonction de son « âme » ; d'où l'importance d'en prendre soin. Elle avait envie de s'occuper de son corps, de son hygiène physique, de ce qui le nourrissait et l'habillait. Mais aussi de ce qui l'animait, la respiration, la détente et la vitalité, tous les sentiments intérieurs qu'elle vivait comme autant d'états d'être bienfaisants, surtout lorsque toutes les tensions et blocages physiques étaient libérés et que le tumulte émotionnel intérieur était calmé.

Me Durand interpella Abigaëlle, la faisant ainsi sortir de sa réflexion.
- Comment allez-vous aujourd'hui ?
- Largement mieux ! J'ai eu beaucoup de prises de conscience depuis que j'ai commencé la sophrologie, dont une l'emporte vraiment sur les autres, celle que le corps est essentiel. Nous n'avons jamais vraiment appris à prendre soin de lui, si ce n'est en le toilettant ou le nourrissant. Nous avons à le découvrir, pour mieux le connaître et le conquérir en plongeant dans sa profondeur, sans en avoir peur. La confiance et la sécurité, finalement, se vivent de l'intérieur et pas que dans la tête. J'ai l'impression que plus je serai présente dans mon corps, plus je me sentirai sereine. J'imagine l'esprit comme le corps d'un escargot, et le corps, comme sa coquille. Ce serait très angoissant pour l'escargot d'être en permanence en dehors de sa coquille.
- Effectivement, Abigaëlle, compléta Me Durand, le corps nous protège et nous assure de vivre le meilleur dans notre monde. Nous avons à apprendre à le respecter. Dans le programme sophrologique, vous allez mieux savoir comment mettre de la cohérence entre le corps et l'esprit,

pour dépasser cette première dualité de fonctionnement et comprendre par l'expérience que le corps et l'esprit sont un. Il est important d'apprendre à vivre le corps sans passer par la pensée du corps. Ce qui nous amène à parler de la séance d'aujourd'hui, **la Sophro-Activation Vitale**. Le but de cet exercice est de mieux percevoir l'intérieur du corps, les organes, pour en favoriser leur bon fonctionnement et être en bonne santé ; ce qui est l'un des grands objectifs de la sophrologie. Nous allons observer de l'intérieur cette biologie, la détaillant en cinq parties anatomiques et physiologiques, et essayer de prendre conscience des structures qui les constituent, les muscles, les tissus, les organes et les cellules. Tout ne se dévoilera pas du premier coup, mais au fur et à mesure de la pratique, ce monde intérieur deviendra plus clair et plus vivant aux yeux de la perception. L'intention est primordiale. Il s'agira ici, de mobiliser la circulation sanguine, l'énergie porteuse de vie, et la perception de la chaleur intérieure, tout en synchronisant cette intention avec la respiration.

Abigaëlle était pressée de commencer, même si elle ne savait pas vraiment comment elle pourrait agir sur sa circulation sanguine. Cette idée était tellement différente de ce qu'elle avait appris étant petite. Pourtant, à la fin de l'exercice, elle se sentait pleine d'elle-même. Elle était étonnée d'avoir pu sentir le pétillement de ses cellules, la chaleur qui se diffusait agréablement, presque dans tout le corps, la sensation d'une énergie qui l'habitait. Qu'était devenue son angoisse ? Elle ne la ressentait plus.

- Petit conseil de Goupil, lui lança Me Durand avec un clin d'œil. Lorsque vous êtes fatiguée, je vous invite à insister sur l'inspiration pour vous redynamiser. Par contre, lorsque

vous avez besoin de calme, alors, expirer lentement et longtemps pour vous détendre.
- Merci du conseil, avait répondu Abigaëlle en souriant. Goupil est un expert du quotidien !

Alors qu'elle était assise proche de la fenêtre du bus qui la ramenait chez elle, Abigaëlle voulait en savoir plus sur ce qu'étaient les systèmes anatomiques travaillés en sophrologie. Elle gardait à présent son précieux manuel toujours dans son sac, au cas où… Elle l'ouvrit à la page trente-deux, où débutait le chapitre sur la théorie des « systèmes », autrement dénommés « espaces corporels de l'être ».

« D'un point de vue sophrologique, le corps est composé de cinq structures anatomo-physiologiques. Anatomiquement, ces régions sont délimitées et contiennent des organes et des glandes endocrines spécifiques. Chacun de ces « systèmes » porte en lui des émotions refoulées, en fonction de l'histoire de chaque individu, limitant le bon fonctionnement organique et cellulaire. Nous allons progressivement découvrir et dévoiler ces espaces pour leur meilleur fonctionnement possible. Nous utiliserons des points de concentration par système, situés sur des plexus énergétiques. Focaliser son attention sur ces points permettra de se concentrer plus rapidement sur la forme du système, rendant plus facile la présence de la biologie dans la conscience.

Le premier espace corporel est constitué de la tête et du visage. Le cerveau en est l'organe vital. Il représente la porte de l'existence, l'énergie qui alimente la découverte, dans le sens où nos idées partent de cet endroit. C'est un système important parce qu'il contient aussi les principaux organes des sens, la vue, l'odorat, le goût et l'ouïe, qui nous permettent d'apprécier ce qui nous entoure. Le point de concentration se trouve au milieu du front et est en relation avec l'hypothalamus, l'hypophyse et l'épiphyse. Ces glandes endocrines régulent l'ensemble du système endocrinien.

Le deuxième espace corporel est constitué du cou, de la nuque, des épaules et des bras. C'est une région d'interaction entre la tête et le reste du corps, souvent sujet à beaucoup de tensions. Les organes principaux en sont les cordes vocales et le point de concentration se trouve au centre de la gorge, en relation avec la thyroïde et les parathyroïdes. Elles agissent, en autre, dans le maintien de notre température et de notre vitalité. C'est grâce à cette partie du corps que nous pouvons exprimer notre voix, notre brin de vérité, et nos idées par notre parole. Cette zone est souvent bloquée lorsque nous n'arrivons pas à exprimer ce que nous voulons dire, ou si nous avons quelque chose qui est resté en travers de la gorge, qui nous a touchés ou blessés, que nous avons du mal à avaler. Elle est souvent mobilisée lorsque nous changeons de voie.

Le troisième espace corporel inclut le thorax et le dessous des aisselles. Le cœur et les poumons sont des organes vitaux essentiels. Le cœur contient l'énergie de la vie, et exprime tous les sentiments de joie et d'amour. Il peut être très contrarié par les chagrins, les traîtrises ou encore les abandons. Les poumons reflètent notre dynamisme et notre ouverture vis-à-vis de la vie. Le point de concentration se trouve au milieu du sternum, l'os plat qui relie les côtes à l'avant de la cage thoracique, à la hauteur du thymus. Cette glande endocrine résiduelle, qui croît jusqu'à l'adolescence et involue ensuite, contribue à nos défenses immunitaires.

Les régions abdominale et lombaire constituent le quatrième espace corporel, système d'interaction entre le thorax et la partie basse du corps. Le point de concentration se trouve à deux trois centimètres au-dessus du nombril, entre le pancréas et le foie. Il est assez riche en organes, puisque l'on y trouve tout l'appareil digestif, l'estomac, le foie, la rate, l'intestin grêle, et une partie du colon. Alors que la gorge informe sur ce qui n'est pas encore avalé émotionnellement, l'estomac renseigne sur la manière dont nous digérons les choses, que ce soient les aliments, les émotions, ou les situations. L'intestin grêle communique sur la manière dont nous assimilons les informations, et le colon, sur l'évacuation et le lâcher-prise. L'appareil rénal s'intègre également dans cet espace, avec les reins, les uretères et une partie de la vessie. Les surrénales qui coiffent les reins, sont très sensibles au stress, alors ne nous privons pas de les recharger régulièrement.

Enfin, le cinquième espace corporel comprend la région du bas-ventre, les jambes, les chevilles et les pieds. Les organes vitaux et les glandes endocrines diffèrent selon le sexe anatomique, l'utérus et les ovaires chez la femme, la prostate et les testicules chez l'homme. Le point de concentration se situe sur le début du pubis. Cette partie du corps nous permet de passer à l'action, de garder notre stabilité dans notre avancée, et de développer notre ancrage qui contribue à l'installation du sentiment de sécurité intérieure. »

Abigaëlle venait d'être interrompue dans sa lecture par un appel téléphonique. C'était André, un collègue de travail d'une cinquantaine d'années. Il était tout affolé. Il venait d'être licencié brutalement. Abigaëlle n'en croyait pas ses oreilles. Que s'était-il passé ? André avait du mal à trouver ses mots, tellement il était encore sous le choc.

Abigaëlle ne pouvait que lui proposer de se retrouver à son café préféré, pour écouter André et essayer de le réconforter du mieux qu'elle pourrait. Le rendez-vous était pris. Elle prit le temps de ranger son livre avant de descendre au prochain arrêt et de s'installer à sa table favorite, en attendant André.

Chapitre XIII

Le tsunami émotionnel

André était arrivé tout chamboulé. Il était soumis à toute une gamme d'émotions. Il ressentait de manière mêlée de la colère, de l'injustice, de la tristesse, de la peur et de l'angoisse. Il avait intérieurement envie d'exploser, et en même temps, il avait l'impression de ne plus avoir aucune force.
- Ce que tu ressens est normal, avait susurré doucement Abigaëlle aux oreilles d'André. Tu viens de vivre un choc, alors que tu croyais que tout allait bien dans ta vie. Les émotions font partie de la vie.
- Je ne sais pas... Je ne sais plus... avait répondu André, le regard un peu dans le vague.
- Tu sais, toutes ces émotions sont bonnes, car elles t'alertent...

Abigaëlle s'était tue car elle venait de se rendre compte que son collègue n'était pas vraiment prêt à entendre ce qu'il aurait pu considérer comme du blablabla.
- Excuse-moi, s'était tout de suite reprise Abigaëlle. Au lieu de te soutenir, je suis en train de faire une leçon !
André avait souri légèrement.
- Écoute, je vais t'apprendre un exercice de sophrologie si tu veux bien.
- OK ! avait rapidement répondu André, comme dans un souffle.

- Essaye de te concentrer sur ta respiration... Observe seulement le mouvement de ton ventre quand tu inspires, quand tu expires...
Elle avait vu André prendre un grand soupir.
- Maintenant, à chaque expiration, essaye de laisser partir ton stress, tes pensées, tes peurs, tout ce qui te vient dans la tête.

Elle était fière de ce qu'elle était en train de faire, car elle voyait qu'André commençait à se calmer. Elle se remémorait ses lectures et savait que chaque émotion avait un sens, une utilité, tant que l'on n'avait pas développé une force intérieure reliée à un état d'être présent à soi. Les émotions nous faisaient réagir à la vie, au lieu de nous faire vibrer à la vie. Elle savait que chaque émotion générée, soit par une situation, soit par une pensée, pouvait être calmée et transcendée en une énergie d'action efficace, au lieu de la subir. Elle voyait simplement André effondré devant elle. Abigaëlle comprenait la fragilité dans laquelle il était. Comment pouvait-elle vraiment l'aider ? Elle savait qu'avec le choc qu'il venait de vivre, s'il ne faisait rien d'autre que d'essayer de rationaliser, cela ne suffirait pas à le faire sortir de ce gouffre dans lequel il était en train de tomber. Elle avait bien envie de lui donner l'adresse de Me Durand, mais elle sentait que ce n'était pas encore le moment. Alors, elle restait là, à l'écouter et à saisir ce qu'il s'était passé.

- Tu comprends, poursuivit André, lorsque je suis arrivé ce matin au boulot, tout le monde me regardait d'un drôle d'œil. Juste un bonjour sec... Rien d'autre... Ça m'a fait bizarre... Et puis, j'ai été appelé dans le bureau de ma chef... Pas un sourire... Rien... Moi qui suis dans cette boîte depuis plus de vingt ans... C'est vrai que c'est une nouvelle chef... Je savais qu'elle était là pour virer des gens... Tout le monde le savait...

Abigaëlle n'osait interrompre André dans son monologue. Elle lui lançait juste de temps en temps un regard d'approbation, un mouvement de la tête, une grimace, pour soutenir ce qu'il lui racontait.
- Elle m'a demandé de m'asseoir... A sorti un dossier dans lequel il y avait des e-mails... Elle m'a dit qu'on ne pouvait pas me garder... Qu'il était temps de faire de la place aux plus jeunes... Qu'en plus, je n'étais plus « opérationnel ». C'est le terme qu'elle a employé... Tu te rends compte ? Plus « opérationnel ». Comme une machine...

Abigaëlle voyait bien qu'André était choqué. Encore une chance qu'il ait accepté de la voir. Dans cet état, il aurait très bien pu se renfermer sur lui-même et s'isoler complètement.
- Elle a sorti des e-mails, me montrant mes soi-disant « fautes », m'a annoncé que la procédure de licenciement était en route... Que je pouvais me faire assister si je voulais... Que le Directeur Général avait signé le papier... Elle s'est levée, m'a montré la porte... M'a même pas serré la main...

André était dépité. Abigaëlle ne se sentait pas de le laisser seul. Mais elle ne savait pas trop quoi lui proposer. Elle implorait le ciel pour qu'une intuition subite puisse lui venir en aide. Elle savait qu'André ne pourrait pas se calmer facilement. Il venait de vivre un tsunami émotionnel. La colère mobilisait son adrénaline et lui donnait envie de tout casser, alors que la peur s'installait sous l'action du cortisol et lui imposait une sorte d'immobilisme et d'arrêt sur image.

Quant à la tristesse, elle le coupait de son être, de son essentiel. Elle ne le reconnaissait plus, lui habituellement si sûr de lui, si jovial. Il était assis, les bras ramollis sur la table du café, comme en suspension dans le temps. Abigaëlle était sûre qu'il commençait à angoisser pour son futur.
- Que vais-je devenir ?

André avait pris sa tête entre ses mains et commençait à pleurer à chaudes larmes. Même si, sur le coup, il avait eu envie de tuer sa chef, il sentait monter en lui comme une sorte de nostalgie d'un passé qui n'existerait plus. Il avait l'impression de ne plus avoir aucun désir. Il avait l'impression de ne plus exister. Abigaëlle avait posé sa main sur la sienne, dans l'intention de lui faire comprendre qu'il n'était pas seul. Elle espérait que cela le réconforterait. Où allait donc passer le désir de vie d'André ? Son esprit devait être aussi embrumé que le ciel un jour de tempête. Comment pourrait-il faire des choix éclairés et justes dans ce moment de tumulte émotionnel ? Abigaëlle repensait à l'aide que pourrait lui apporter la sophrologie, le faire sortir des émotions stressantes tout en installant des sentiments apaisants, retrouver une stabilité existentielle, se reconnecter à son être et à son désir profond de rendre service. Pourtant, elle se rendait compte qu'un accompagnement ne pouvait être entamé que lorsque l'esprit était clair, qu'il y avait un moment adéquat et que maintenant, c'était trop tôt. Elle eut alors l'idée de glisser une carte de visite de la sophrologue dans la poche du veston d'André. C'est tout ce qu'elle se sentait capable de faire à présent. Peut-être la trouverait-il lorsqu'il serait prêt ?

Chapitre XIV

La volonté d'exister

La récente expérience d'André avait laissé un goût amer dans la bouche d'Abigaëlle. Ce qui l'émouvait encore, c'était le fait qu'on pouvait perdre le sens de sa vie, parce qu'un évènement tranchant était arrivé. Elle n'avait pas envie de se retrouver dans une telle situation, dans laquelle elle aurait eu l'impression de se perdre. Elle s'interrogeait donc sur ce qu'était vraiment « être soi », ces mots revenant régulièrement dans les paroles de Me Durand. Elle avait bien compris que la sophrologie cherchait à développer le sentiment d'existence, en favorisant l'émergence de l'être, le « je suis ».

Elle avait pourtant l'impression d'être elle-même. Elle ne ressemblait en rien à Nathalie ou à Sophie, mis à part le fait qu'elle avait une tête, deux bras et deux jambes, comme elles. Abigaëlle avait ses propres idées. Elle savait ce qu'elle aimait manger, faire ou ne pas faire. Lors d'une discussion avec ses amies, Barbara s'était énervée après elle. Elle trouvait qu'elle se prenait trop la tête. Barbara avait quitté leur petit groupe en râlant, ce qui avait contrarié Abigaëlle. Sophie avait bien essayé de la rassurer, mais Abigaëlle n'aimait pas les conflits, surtout pour des histoires aussi bêtes, des opinions divergentes, une quête de vérité et de connaissances différentes. Elle trouvait maintenant que Barbara avait un champ de pensées limité, sans aucune volonté de s'ouvrir à autre chose. Cela l'attristait aussi. Elle aurait eu envie que son amie puisse grandir, tout comme elle le faisait. Devait-on perdre les gens qu'on aime lorsque l'on choisissait d'évoluer ?

Avec un sentiment de frustration intérieure, Abigaëlle était partie, elle aussi, errant un peu dans la rue principale de Fontainebleau, à la recherche d'une occupation qui lui aurait changé les idées. Elle avait pensé, cette fois-ci, à utiliser son souffle pour chasser ses contrariétés et elle commençait à se sentir plus calme, à prendre du recul par rapport à ce qu'il s'était passé, à relativiser. Elle avait fini par rentrer dans une librairie, en commençant à fouiner sur les étagères, sans trouver de livres vraiment intéressants. Elle s'était alors heurtée à cet homme, beau garçon aux cheveux bruns, qui lui avait offert un sourire d'ange. Une étrange attraction l'avait alors animée, l'entraînant à le suivre le plus discrètement possible dans les courtes allées de cette librairie. L'homme avait dû remarquer son manège, parce que, de temps en temps, il jetait un regard en arrière. Elle plongeait alors dans les pages d'un livre et c'est comme cela qu'elle était tombée sur cette citation de William Shakespeare « *Être ou ne pas être, telle est la question. Y a-t-il plus de noblesse d'âme à subir la fronde et les flèches de la fortune outrageante, ou bien à s'armer contre une mer de douleurs et à l'arrêter par une révolte ?* ». Cette phrase l'ayant touchée profondément, elle avait finalement décidé d'acheter le livre. L'homme avait disparu. Dommage ! Elle aurait bien eu envie d'aller prendre un verre avec lui. Mais le destin en avait voulu autrement et elle était rentrée chez elle, s'installant confortablement dans son canapé, un thé vert au jasmin à ses côtés.

Elle laissait son esprit vaquer dans ses réflexions, repensant à la notion d'être soi. Quand elle y réfléchissait bien, le mot « être » était aussi bien un verbe qu'un substantif. Lorsqu'elle se répétait « Mon être » à voix haute, elle ressentait le vivant en elle, alors qu'avec le « Je suis », cela l'invitait à partager et à laisser exprimer ce qu'elle était dans son monde. Abigaëlle sentait qu'en tant qu'être, elle était une conscience unique, un tout, quelque chose d'essentiel et de transcendantal. Elle commençait vraiment à le percevoir profondément en elle, notamment lorsqu'elle se retrouvait dans ces sentiments intérieurs de plénitude profonde, de joie et de liberté. Elle se sentait un sujet du monde, et non pas une personne, mot si couramment utilisé dans le langage commun. Elle sentait qu'elle avait de l'énergie et une force grandissante qu'elle avait envie de déployer dans ses projets et dans sa vie. Elle reconnaissait mieux la valeur de son individualité. Elle saisissait que sa recherche d'aujourd'hui était de reconnaître et d'exprimer son essentiel, l'oubli ou la déconnexion de l'être étant ce qui créait la maladie, l'angoisse ou encore la dysharmonie existentielle.

Abigaëlle se souvenait de ce qu'un philosophe avait exprimé, lors d'une émission très intéressante qu'elle avait vue à la télévision, sur la recherche de l'Essentiel, « Theoretikos » en grec. Il disait entre autres, que la santé mentale pouvait être vue comme l'union paisible avec l'Être, considéré comme l'unique et ultime Réel. Il invitait donc à prendre soin de l'Être, comme l'avaient proposé les Thérapeutes d'Alexandrie, 20 à 30 ans avant notre ère, pour se maintenir en bonne santé physique et mentale. Cela passait par une attention portée aux mots et aux idées exprimés dans la relation avec les autres, l'importance de contempler la nature, mais aussi, la volonté de conformer ses actions à la vérité de son être profond. Abigaëlle se souvenait que cet homme parlait de développer une maîtrise de soi et une tempérance comme fondement dans l'expression des vertus de l'âme. Il était important à ses yeux, de prendre du temps pour soi, de s'octroyer des moments de silence et de repos, pour se recentrer sur cet essentiel intime et profiter ainsi de sentiments bienfaisants qui nourrissaient l'être. C'était tout l'inverse de ce que la vie moderne nous proposait. Le philosophe avait aussi beaucoup insisté sur l'importance de la conscience du corps, en passant par le calme émotionnel et mental, pour reconnaître ce que désirait réellement vivre l'âme. Abigaëlle retrouvait la philosophie de la sophrologie dans ces idées et elle souriait intérieurement, satisfaite des liens qu'elle était en train de faire.

Le téléphone venait de sonner. C'était Barbara.
- Je suis désolée ! avaient été les premiers mots lancés par Barbara. Je ne voulais pas m'énerver après toi. Mais c'était plus fort que moi. Depuis que tu fais de la sophrologie, tu n'es plus la même. Je n'ai pas envie que tu changes !
Au moins, c'était clair. Barbara avait le mérite de toujours dire ce qu'elle pensait. Abigaëlle restait bouche bée. Barbara ne voulait pas qu'elle change. De quel droit pouvait-elle vouloir cela ? Si c'était son amie, elle aurait dû, au contraire, être heureuse qu'Abigaëlle se sente mieux. Elle repensait à la phrase d'Einstein, qui disait quelque chose comme « il faut être fou pour penser que les choses peuvent être autrement si on se comporte toujours de la même manière ». Elle n'avait pas envie d'être dans un débat où elle aurait dû défendre son point de vue. À chacune ses idées, après tout. C'était donc d'un ton un peu sec qu'elle répondit à Barbara.

- Écoute, Barbara, là, je n'ai vraiment pas envie de rentrer dans une discussion de ce genre. Tu vois, j'étais en train de passer un moment méditatif tranquille. Je comprends que tu sois dépitée par mon changement. Mais, vraiment, Barbara, ce sera pour une autre fois.

Le ton d'Abigaëlle était affirmé, sans colère. Elle se rendait compte que c'était bien la première fois qu'elle réagissait ainsi. Auparavant, elle aurait raccroché au nez de Barbara en s'énervant. Il aurait ensuite fallu plusieurs jours, voire semaines, pour « réparer » la relation. Abigaëlle se sentait fière d'elle. Ce qui avait dû être perçu par Barbara, qui du coup, gardait le silence. Elle raccrocha après un « Entendu ! On se reparlera une autre fois ». Surprise, mais sans aucune contrariété et plutôt satisfaite, Abigaëlle repartit dans ses réflexions.

Chapitre XV

Flânerie à Fontainebleau

Abigaëlle trouvait peu à peu le sens de son être et s'engageait davantage envers elle. Elle vivait de moins en moins de culpabilité lorsqu'elle s'affirmait dans des attitudes qui ne correspondaient pas aux attentes des autres. Elle connaissait le potentiel qu'elle avait à présent et elle arrivait à mieux exprimer son individualité quand elle était en groupe. Son corps était en train de devenir son meilleur ami, et une compréhension plus évidente de son langage commençait à s'installer. Elle apprivoisait son mental, ce qui lui permettait d'être plus souvent dans un état agréable de liberté. Elle était capable d'envisager la vie autrement, et d'imaginer de nouveaux projets plus grands et plus ambitieux. Elle savait maintenant quoi faire et comment faire pour se sentir bien.

Aujourd'hui, Abigaëlle s'était donné le projet de visiter le château de Fontainebleau. Elle habitait tout proche de ce magnifique lieu. Elle se retrouvait à flâner dans la cour arrière du château, le long des berges du canal rectiligne, parcourant les allées des grands arbres, comme si elle avançait dans une allée royale. Un pas après l'autre, elle sentait son corps vibrer avec la terre. Elle sentait l'harmonie en elle, un esprit calme qui n'avait d'autres préoccupations que celles d'être présente dans ce paysage. Elle était porteuse d'une telle plénitude qu'elle aspirait à la distribuer à tous les êtres humains qui l'entouraient et qui faisaient partie de ce tableau, au même titre qu'elle. Assise sur un banc qui faisait face à l'eau du canal, elle avait observé pendant quelques instants les cygnes qui dansaient gracieusement d'une berge à l'autre, d'une telle élégance qu'elle aurait eu envie de danser avec eux. Elle voulait danser la vie. Elle sortait du jugement pour être dans la perception des choses. Elle en avait conscience. Et cela lui faisait le plus grand bien. Elle était restée silencieuse sur son banc pendant un moment, puis était repartie vers la cour intérieure du château.

Le billet d'entrée pris, Abigaëlle s'était promenée d'une salle à une autre, dans les Grands Appartements des Souverains, pensant à tous ces hommes et femmes célèbres qui avaient vécu dans cet endroit. Dans quel état d'esprit étaient-ils à leur époque ? Étaient-ils préoccupés par le sentiment d'exister pleinement ? Ou juste de vivre au mieux de leurs possibilités ? Abigaëlle se demandait ce qu'il pourrait y avoir de mieux que ce qu'elle vivait aujourd'hui. Ses angoisses étaient de moins en moins présentes. Elle avait l'impression d'être une plus grande actrice de sa vie. Comment ses potentiels pouvaient-ils croître et grandir encore, au même titre qu'on pouvait agrandir un château, y faire de nouvelles dépendances, enrichir les jardins de fleurs rares et précieuses ? Ses idées sur le développement personnel se mêlaient à celles de tout ce qui avait enrichi les salles grandioses de ce bâtiment. Des hommes avaient eu des rêves, des idées de génie, pour faire de ce lieu, un endroit magique et merveilleux. Ils avaient reconnu la valeur de leurs constructions, sinon, ils n'auraient jamais pu aboutir dans leurs projets. Abigaëlle aussi, pouvait croire en sa propre valeur pour faire aboutir ses idées. C'était peut-être cela « exister pleinement », reconnaître la valeur de son être, se réaliser en créant ce qui peut embellir sa vie, et profiter de ses créations tout simplement. Son monde devenait ainsi plus grand, sa réalité plus ouverte et joyeuse, son existence plus réelle, au-delà du monde d'autrui. Évidemment que son entourage pouvait alors changer. Mais n'était-ce pas mieux ainsi ? Être avec des gens bienveillants, qui avaient eux aussi, envie de vivre autre chose, autrement, créant de bons moments passés en famille, entre amis, ou encore dans le milieu professionnel. Elle pensait que cela profiterait à l'ensemble du collectif humain.

Abigaëlle était ressortie de la visite, des paillettes dans les yeux. En fait, il fallait voir grand. Elle avait besoin d'espace pour faire exister son Soi pleinement. Elle avait lu dans son livre du moment, que le Soi était composé de quatre structures essentielles, sans lesquelles l'être ne pouvait pas être. Les deux premières étaient la dimension corporelle et toutes les caractéristiques du corps, et la dimension présentielle, incluant toutes les caractéristiques de l'esprit. Les deux suivantes étaient la conscience énergétique et l'âme.

Accoudée sur le parapet de la petite balustrade en face du pavillon de l'Étang, Abigaëlle repensait à ce que permettait la première grande étape de la sophrologie. De la simple perception d'un corps anatomique, vers le dévoilement du schéma corporel, le corps devenait le centre de l'exploration et de la découverte. D'un mental analysant et jugeant, vers un état d'esprit ouvert, l'esprit devenait présent dans le corps pour mieux le comprendre et le vivre. Ainsi naissait la corporalité, cette double relation dans laquelle le corps émettait des messages et des demandes que l'esprit pouvait prendre en compte, et l'esprit devenait capable d'agir sur le corps conscntant, toujours en le respectant. Corps et esprit apprenaient ainsi à coexister de manière harmonieuse, au fur et à mesure que se réduisait tout ce qui pouvait encombrer la conscience, comme les tensions, le stress, les pensées parasites ou encore les jugements de soi.

Le pavillon à pans, construit par Le Nôtre, trônait au milieu du lac. Abigaëlle avait l'impression qu'il était au cœur du château, là où était son âme, et que pour l'atteindre, on ne pouvait y accéder qu'avec une barque, alors que tous les pourtours du lac étaient dégagés. Pour l'humaine qu'elle était, atteindre le cœur de son être, son âme, passait par la deuxième étape sophrologique, en plongeant dans la profondeur du corps et de l'esprit, alors qu'un nouvel espace de liberté s'était installé en soi. C'est comme si, maintenant, elle entendait le son des violons qui résonnaient dans l'espace, rappelant les grandes fêtes d'antan. C'était amusant de penser que le violon avait aussi une « âme », cette petite pièce en bois qui permettait de transmettre les vibrations des cordes au fond de l'instrument pour que le son sorte, comme cette « âme » était aussi le seul point de soutien au milieu de l'instrument, permettant de résister à la pression exercée par les cordes. Et si l'âme humaine avait également ces fonctions ?

Abigaëlle aimait à penser que l'âme était cette partie transcendantale de soi, échappant à cette réalité parce qu'elle se plaçait au-delà de l'existence, une essence pure de l'être d'où venait l'énergie pour agir. La conscience pouvait s'appuyer sur l'âme pour s'exprimer et exister. Elle considérait l'âme comme une présence permanente au fond d'elle-même, qui la faisait vibrer à la vie, au-delà de l'histoire des pensées et des émotions, au-delà des croyances religieuses. Elle l'imaginait contenir des valeurs et des sentiments vitaux, comme l'amour, la joie, la foi, une force qui permettait de déplacer les montages. Elle avait l'intime conviction que c'était grâce à son âme qu'elle avait pu résister aux plus grandes difficultés qu'elle avait rencontrées dans sa vie. Elle avait appris de la sophrologie que la contemplation était la faculté qui permettait d'étudier l'âme, dépassant toute intellectualisation. Elle n'en était pas encore là aujourd'hui !

Abigaëlle marchait lentement vers le jardin de Diane, attenant au château. Elle remerciait son corps de l'accompagner dans tous ses choix. Elle avait conscience de cet énorme potentiel d'énergie qu'il contenait. Le monde de l'infiniment petit du corps dépassait les limites de son propre esprit. Elle voyait l'énergie comme des milliards de particules jaillissantes de chaque cellule lorsqu'on en avait besoin et qu'on savait la mobiliser. La sophrologie pouvait aussi apprendre à dévoiler cette dimension de la conscience énergétique du corps. L'utilisation du son et d'une forme de questionnement permettait d'avoir accès à cet aspect de soi. Corps, esprit, âme et énergie étaient à réunir pour exister pleinement.

Un petit chien avait frôlé la jambe d'Abigaëlle. Elle aimait tant les animaux qu'ils le lui rendaient bien. Elle s'était légèrement abaissée pour le caresser. En levant la tête, elle avait reconnu l'homme qu'elle avait rencontré dans la librairie. Lui aussi semblait l'avoir reconnue. Ils avaient échangé quelques mots. Mais aucun pas de plus n'avait été fait. Abigaëlle s'était alors assise tout près de la fontaine. Elle regardait l'eau bouillonner retombant en jets irréguliers dans la grande vasque sculptée. Il lui semblait que ces milliards de petites bulles d'eau étaient comme les pensées qui jaillissaient de l'esprit pour exister dans la matière. Quel était le programme existentiel de ces molécules d'eau ? Drôles d'idées, comme si l'eau pouvait avoir un programme existentiel. Et pourquoi pas ?

Toutes ces pensées roulaient dans sa tête, comme les gouttes d'eau entre elles. Chaque instant devient une magie, à partir du moment où l'on est capable de s'ouvrir à cette magie. Abigaëlle se voyait comme cette eau de la fontaine, éclaboussant les flâneurs de nouvelles idées, les invitant à stimuler leur joie et la bonne humeur. Peut-être était-ce pour cela qu'elle était faite ?

Aujourd'hui, tout semblait clair. Abigaëlle sentait que lorsque le corps, l'esprit, l'énergie et l'âme s'exprimaient ensemble, la vie devenait plus limpide et plus dynamique. Ce qu'elle était intérieurement, rayonnait à l'extérieur d'elle-même, contribuant à la vie, au-delà de toute séparation. Peut-être était-ce cela le bonheur ? En tout cas, lorsqu'elle avait ces éclairs de conscience, elle sentait grandir en elle un profond sentiment de joie intérieure. C'était certainement comme cela que son âme lui montrait sa satisfaction.

Chapitre XVI

L'incident

Abigaëlle était satisfaite de la vie qu'elle était en train de se créer grâce à la sophrologie. Elle appréciait beaucoup mieux le moment présent. Elle était capable de ne plus juger son corps, malgré les tensions qu'il lui procurait parfois. Elle comprenait le merveilleux fonctionnement de sa biologie par l'expérience et cela lui plaisait. Elle avait tendance à pratiquer ses séances le matin, pendant une quinzaine de minutes, plutôt qu'une heure le week-end, parce qu'elle avait constaté que c'était plus efficace. C'était comme une nouvelle hygiène de vie. Elle apprenait à entretenir son corps de l'intérieur grâce aux différents exercices appris. Il lui était aussi plus facile de les pratiquer en position assise. Me Durand lui avait expliqué pourquoi on ne pratiquait plus en position allongée aujourd'hui. Il était important de maintenir un haut niveau de concentration pour que les effets soient plus efficaces rapidement, ce que permettaient les différentes postures assises.

Ce matin, Abigaëlle avait choisi de s'installer sur sa terrasse, les doux rayons du soleil venant lui caresser le visage. Elle était bien assise au milieu de la chaise, le dos bien redressé, dans une posture fière et dynamique. Elle aimait cette posture car elle lui procurait une sensation d'éveil et d'assurance qui lui donnait le moral. Une fois les exercices actifs faits, elle s'était installée en posture de relaxation, pour accueillir, vivre et s'approprier toutes les sensations et les sentiments positifs présents. Elle appréciait aujourd'hui le calme mental dans lequel elle se trouvait et le repos que cela lui donnait. Elle aurait même eu l'impression d'être dans une cure de jouvence. Il y avait une plénitude en elle, telle qu'elle lui faisait oublier pendant un instant, tous les tourments du quotidien. C'était extrêmement ressourçant !

Après son exercice, Abigaëlle avait pris une bonne douche, appréciant encore une fois les sensations de l'eau qui coulait agréablement sur sa peau, et la senteur extraordinaire du jasmin procurée par son produit de bain. Elle se sentait toute revigorée et prête à passer une excellente journée. Ce n'était pas sans compter sur les fantaisies de Me Barbara. Elle avait entendu le téléphone sonner, alors qu'elle était encore dans la salle de bains et était arrivée trop tard pour décrocher le combiné. Sophie avait laissé un message bref sur le répondeur, demandant à Abigaëlle de venir la rejoindre le plus rapidement possible au Centre Hospitalier de Fontainebleau. Barbara venait d'avoir un accident en voulant traverser une rue trop rapidement. Abigaëlle avait lâché tout ce qu'elle faisait pour accourir à la rescousse de son amie. Elle avait l'impression, par cette expérience difficile, d'être testée par l'univers. Son angoisse, si familière, était revenue de manière brutale. Mais le réflexe de se concentrer sur sa respiration s'était mis en place : respirer, souffler, évacuer le stress, dynamiser l'énergie. Il était sûr que Barbara avait plus besoin d'elle en forme que paralysée par l'angoisse. Grâce à la respiration, son angoisse n'avait pas pris le dessus, preuve qu'elle avait déjà progressé dans la maîtrise d'elle-même.

Abigaëlle avait retrouvé Sophie à l'hôpital. Elles étaient allées dans la chambre où Barbara dormait. D'après le médecin, il n'y avait pas de danger pour sa vie. Abigaëlle était soulagée, même si elle ressentait de la colère contre Barbara. Elle voulait toujours faire les choses trop vite, sans prendre le temps ni l'attention nécessaires pour sa sécurité. Abigaëlle pensait qu'elle avait raison de vouloir partager avec Barbara toutes ses découvertes, pour qu'elle puisse enfin prendre conscience des possibilités de vivre sa vie sans être dans le speed permanent. Elle ne manquerait pas de le lui rappeler dès qu'elle serait sortie de l'hôpital.

Abigaëlle et Sophie étaient allées prendre un thé pour se déstresser. Abigaëlle avait confié à Sophie qu'elle était ravie à l'idée de son rendez-vous du soir avec Me Durant. Après toutes ces émotions, elle sentait qu'elle en avait besoin. Elle avait aussi envie de savoir comment faire pour mieux gérer ce genre de situation, qui déboulait toujours sans prévenir, sans même laisser le temps de se préparer.
- Le secret, avait alors répondu Me Durand lors de la séance, c'est de placer sa conscience dans le maintenant, en revenant au corps. Parce que dans l'instant présent, il n'y a jamais de problème. Vous placez volontairement votre attention et votre concentration sur les points d'appui du corps, par exemple, ou encore sur le mouvement de la respiration. Ce qui va aider à mettre le mental au repos. Bien sûr, auparavant, vous aurez pris le temps de chasser le stress grâce à la puissance de l'expiration, autant de fois que nécessaire pour commencer à se calmer. Votre vivance deviendra ainsi de plus en plus sereine.

Abigaëlle se confortait dans ses connaissances. Elle savait que la vivance représentait quelque chose de plus qu'un simple vécu. Tous les phénomènes sensitifs et perceptifs, agréables ou désagréables, se devaient d'être accueillis, sans jugement, sans chercher ni à les expliquer, ni à les analyser, tout simplement les observer en étant le plus présent possible. Ceci permettait de shunter le mode de fonctionnement du mental pour passer dans un mode de fonctionnement en conscience. Accueillir l'énergie présente pour agir dessus, qu'elle soit émotionnelle, corporelle ou psychique, aidait à gérer n'importe quelle situation plus rapidement que ce que l'on aurait pu imaginer. Abigaëlle en faisait, elle aussi, l'expérience.

Me Durand avait conclu la séance par un petit rappel sur la nécessité de pratiquer régulièrement les exercices.
- Par la répétition, chaque vivance s'enrichit et crée un nouvel état de conscience, dans lequel la confiance et la sécurité grandissent en soi. D'autres structures existentielles intérieures se découvrent, se maîtrisent, et c'est comme cela que l'être gagne en force et en stabilité existentielle. Le dévoilement de la conscience n'est pas un cadeau naturel de la vie. C'est une discipline que l'on choisit de se donner. Cela demande l'effort de vouloir être et faire autrement. Après chaque expérience de vivance, les choses ne sont plus jamais tout à fait comme avant. Rappelez-vous, Abigaëlle, la vivance est le secret pour se détacher, pendant un instant, de ce qui vient d'être bouleversant, finit par conclure Me Durand.

Abigaëlle, une fois rentrée chez elle, se sentait sereine et prête à passer une nuit récupératrice.

Chapitre XVII

La conscience du Maintenant

Assise sur son banc préféré, dans le jardin de Diane, non loin de la fontaine, Abigaëlle entendait le gargouillis des oiseaux alors qu'on était encore en hiver. Cela sentait bon les prémices du printemps, le moment agréable où l'énergie revenait, où la sève habitait à nouveau les branches des arbres, où les petites feuilles commençaient à apparaître. Voilà que son esprit repartait dans le futur. Mais c'était pour la bonne cause, non pour imaginer les pires catastrophes. Abigaëlle avait conscience que d'être trop dans le futur, de manière négative, créait de l'angoisse, alors que de ressasser trop le passé, générait de la nostalgie. Elle voulait vraiment apprécier le moment du Maintenant.

Elle avait pris son journal intime, qu'elle tenait depuis qu'elle avait commencé le programme sophrologique. Elle y notait les exercices appris, les sensations qu'elle avait vécues, tout ce qui pour elle, représentait les prises de conscience dans l'exploration de son être. Elle avait aimé apprendre à rester au présent. La technique qui l'avait le plus surprise était la **Relaxation Dynamique 1**. Elle avait pour la première fois, perçu qu'elle avait des jambes. Cela avait beaucoup attisé la curiosité de Sophie. Elle voulait en savoir plus ! Abigaëlle lui avait alors décrit ce qu'elle avait ressenti, la densité de la matière de ses jambes, le contact plus fort de ses pieds sur le sol. Elle avait même eu l'impression de racines qui poussaient sous ses pieds. Cela avait fait rire Barbara, qui était sortie de l'hôpital avec des bleus un peu partout et une bonne fracture du bras. Non, Abigaëlle n'était pas folle ou farfelue ! Son corps lui proposait simplement de vivre une expérience hors du commun. Elle, qui avait l'impression de si bien le connaître, découvrait qu'elle n'avait conscience que d'un microdixième de son univers. Plus son corps se dévoilait à sa vision intérieure par la pratique, moins elle en avait peur, et plus elle apprenait à le respecter et à le vivre de manière agréable. En connaissant davantage ses lieux de blocages et de tensions, elle savait comment utiliser sa respiration et les mouvements de son corps, pour les défaire. Elle en ressentait les bénéfices particulièrement dans sa nuque et ses épaules, siège d'une raideur fréquente, s'allégeant et s'assouplissant un peu plus à chaque fois. À cette description, elle avait vu Barbara la regarder de biais, sentant combien elle aurait eu envie, elle aussi, de se défaire de ses douleurs avec autant de facilité qu'Abigaëlle semblait le décrire.

En relisant les notes prises, Abigaëlle constatait que, dans cette rencontre avec son corps, le jugement était absent. La conquête et la transformation de son schéma corporel s'effectuaient progressivement, à son rythme, sans aucune intellectualisation. Elle en était ravie. Son « Jiminy Cricket » personnel, c'est comme cela qu'elle appelait son mental, commençait à se taire. C'est vrai que la technique **de Sophro-Attention-Concentration** avait été très efficace pour apprendre à sortir du jugement. Son esprit était devenu capable de se fixer sur un objet et de l'observer dans ses détails, sans exprimer d'idées ou de sentiments particuliers. Les « c'est bien » ou « c'est mal », les « j'aime » ou « je n'aime pas », n'avaient pas leur place ici. Elle avait l'impression d'être comme Léonard de Vinci, observant les détails de la nature pour simplement les reproduire.

Elle avait aussi bien aimé l'exercice de **Sophro-Respiration Synchronisée**. Il reliait des mouvements du corps à une respiration conscientisée et rythmée. Elle avait l'impression de reprendre sa place, alors que son corps se déployait avec plus de facilité dans l'espace. Cela l'avait vraiment aidé à lâcher-prise des pensées en boucles qu'elles avaient souvent auparavant. Elle apprenait à agir sur la production de ses pensées. C'était incroyable, mais bien réel. L'exercice qu'elle avait adoré, c'était la **Sophro-Présence du Positif**. Elle découvrait que l'être humain était capable de générer des sentiments intérieurs positifs, sans forcément penser à des choses agréables de son passé ou de son présent. Le corps avait cette capacité. L'inspiration était un temps actif, reliée à l'intention de réveiller en soi de la joie, de la paix, ou encore de l'amour. Tout ce « positif » assurait une protection pour le corps et l'esprit, leur permettant de se ressourcer après tout stress vécu, ou simplement, parce qu'on avait envie de vivre du bien-être.

Autre chose qu'Abigaëlle avait notée, c'était ces moments intéressants de discussion avec Me Durand, pendant lesquels se passait la **Sophro-Etude des Phénomènes**. Elle avait compris qu'il était important de mettre en avant, dans l'échange, l'apparition d'un phénomène nouveau dans la conscience, ou encore, tout ce qui favorisait une vivance agréable. Jamais la sophrologue n'essayait d'interpréter ce qu'elle avait vécu, ni les images qu'Abigaëlle pouvait avoir eues. Il n'y avait aucune question comme « pourquoi vous vivez cela ? ». Elle l'aidait plutôt à décrire son expérience, à donner plus de détails. Cela avait, comme effet, d'apaiser son mental habituellement très questionnant. Lorsque parfois, Abigaëlle était déçue de ce qu'elle avait vécu, Me Durand lui demandait toujours les attentes placées avant de commencer la pratique de l'exercice. Elle se rendait ainsi compte que, quand on était dans l'attente de quelque chose, cela limitait l'expérience. Grâce à cet outil, Abigaëlle repérait ses manières de fonctionner. C'était une étude d'elle-même qu'elle réalisait, chaque prise de conscience l'aidant à faire des choix différents de ses vieilles habitudes. Elle avait appris que la conscience était capable d'avoir ses propres compréhensions, que l'espace de liberté qu'elle créait en elle, permettait l'émergence de ses propres réponses, non pas en tenant compte du passé, mais simplement, de ce qui était important pour elle maintenant. Dans cet espace de conscience, le temps linéaire et chronologique n'existait pas. Tout était un éternel « Maintenant ».

Abigaëlle laissait à nouveau flâner son esprit librement. Tout ce parcours était tellement enrichissant. Le silence s'imposait à elle tout naturellement.

Chapitre XVIII

L'état d'esprit positif

- Voici une nouvelle étape de mon accompagnement sophrologique qui commence, celle de l'esprit. Nous arrivons au cœur de ma difficulté ! avait soufflé Abigaëlle à l'oreille de Barbara, blottie au creux d'un gros oreiller dans son lit.

Celle-ci avait souri, sans rien dire. Depuis son accident, Barbara n'était plus tout à fait la même. Elle ne s'opposait plus à rien. Elle ne souriait plus. Comme si la mélancolie l'avait entièrement envahie. Peut-être que son agressivité quasi permanente cachait-elle un mal de vivre qui s'était révélé lors de cet accident ? Abigaëlle était donc heureuse de voir le visage de Barbara s'éclairer un peu. Sophie, dans la cuisine, était en train de préparer le repas du soir. Elles avaient décidé de faire un dîner « copines » chez Barbara, au cours duquel elles voulaient partager des spécialités bellifontaines. Après une petite salade composée, elles avaient prévu, en plat principal, une friture de goujons accompagnée de frites, et des rochers bellifontains en dessert. Abigaëlle et Sophie pensaient que cette soirée allait changer les idées de Barbara, qui alitée depuis son accident, n'avait plus d'activité, mis à part celle de regarder la télé.
- Vous savez que mon mental a toujours été très actif, avait partagé Abigaëlle, assise sur un fauteuil confortable en face de Barbara, en reprenant de cette excellente friture faite par Sophie. Même si aujourd'hui, je suis capable d'avoir des moments de répit, lorsque je travaille, il a toujours dix mille

choses à penser en même temps. Le dossier à rendre pour avant-hier, le collègue qui pose un problème, la période des vacances à organiser, les soucis du quotidien, et mon projet de changer d'entreprise. Mon « Jiminy Cricket » a une expertise pour faire tourner toutes ces pensées en boucle dans ma tête, pour être sûre de ne rien oublier.
- C'est lui qui te génère de l'angoisse, tu en as conscience ? avait rétorqué Sophie à Abigaëlle, assise sur l'autre fauteuil qui se trouvait dans la chambre, l'assiette posée sur une table dépliée pour la soirée.
- Oui, je sais. J'en ai pris conscience grâce à la sophrologie, avait répondu Abigaëlle. L'angoisse de l'avenir entraîne un manque d'énergie pour faire les choses, la fatigue en découle, ce qui entraîne l'angoisse de l'avenir, et ainsi de suite… J'en connais bien le processus !

Avant de commencer la sophrologie, Abigaëlle avait beaucoup de mal à calmer son mental. Quand il ne s'occupait pas des activités courantes, il se programmait pour les pires scénarios possibles. Il avait aussi la capacité de limiter les possibilités. Quand elle pensait à faire un très beau voyage, comme à Jérusalem, par exemple, son mental lui disait qu'elle ne gagnerait pas assez d'argent pour le faire, que c'était trop loin, voir trop dangereux. Quand elle voulait s'affirmer auprès d'un de ses collègues, il lui disait qu'elle aurait forcément tort, et ne trouverait pas les bons argumentaires pour sa défense. Son mental la plaçait le plus souvent dans une posture de bataille, et en plus, une bataille dans laquelle elle perdrait forcément.
- Et vous savez ce qui est le plus fou, les filles ? avait-elle exprimé à ses amies, sans leur laisser le temps de répondre. C'est qu'en apprenant à m'occuper de mon corps, à y être

présente, je pu constater que mon mental jugeant et anxieux s'était calmé. C'est comme si mon état d'esprit changeait, qu'il s'ouvrait à de nouvelles possibilités. J'ai aussi plus d'intuition et je me rends compte qu'elle ne me trompe jamais. Ce qui me rassure. Je commence aussi réellement à m'apprécier. M'aimer serait un peu trop fort encore. Mais j'apprécie ma compagnie.
- C'est trop chou, avait rebondi Sophie sur la dernière phrase d'Abigaëlle. Qu'en penses-tu Barbara ? avait-elle soufflé en lui présentant les rochers au chocolat accompagnés d'un thé à la rose.
- Je ne sais pas trop. Le présent, j'ai mon corps qui me fait mal. Le futur, est-ce que je pourrai toujours faire le travail que je fais. Le passé, je m'en veux d'avoir eu cet accident.

Abigaëlle et Sophie avaient échangé un rapide coup d'œil. Le pessimisme de Barbara était toujours présent.
- Tu sais imaginer, Barbara ? l'avait interrogée Abigaëlle.
- Je crois, avait répondu Barbara à voix basse.
- En apprenant à te projeter dans le futur de manière constructive, grâce à la faculté de visualisation positive, tu pourrais te donner la possibilité de voir les choses autrement et ton espace de conscience s'agrandirait certainement. C'est génial, tu sais ! J'aimerais tellement que tu puisses faire de la sophrologie. Tu en constaterais vite les bienfaits, d'autant plus que cela pourrait accélérer ton processus de cicatrisation.

Abigaëlle avait constaté qu'en pratiquant cette forme de méditation axée sur le futur, elle réussissait à devenir un témoin silencieux de l'énergie présente en elle. Elle pouvait la focaliser sur un futur possible, même si les images n'étaient pas toujours détaillées, sauf quand elle connaissait

déjà la situation sur laquelle elle voulait agir. Elle avait appris qu'il y avait maintes possibilités d'agir sur ce futur. On pouvait se visualiser dans le présent du futur, le passé du futur, le futur du futur. C'était aussi fort, comme trituration de l'esprit, que celle des films de « Retour vers le futur ».
- D'accord, avait murmuré Barbara. Mais est-ce que tout le monde peut le faire ?

Sophie avait pris la parole pour répondre à Barbara.
- Tu sais bien imaginer le pire. Tu sais donc fabriquer des images. Tu n'auras juste qu'à les rendre positives.

Barbara n'avait rien répondu à cela. Abigaëlle en avait profité pour aller chercher dans son sac à main, son livre tant apprécié sur la sophrologie. Elle l'avait ouvert à la page qui expliquait ce qu'était la Futurisation. En jetant un regard rieur à Sophie, toutes les trois bien installées dans la chambre de Barbara, un bol de thé à la rose dans une main, elle avait commencé la lecture d'un ton aérien.
- « *Futuriser, c'est se projeter dans un futur de manière positive. L'esprit crée intuitivement des images qui se relient entre elles en des situations de réussite, grâce à l'intention posée au départ. Le corps profite agréablement des sensations produites par ces images ici et maintenant. Cette capacité de futurisation offre la possibilité de mobiliser une énergie porteuse de confiance et d'espoir, dans la réalisation de ses projets, des plus petits, comme préparer une soirée, aux plus grands, comme changer d'activité professionnelle. L'espérance est un atout pour créer une vie riche de toutes choses.* »

Abigaëlle s'était tue, pour boire une gorgée de cette excellente boisson achetée au Comptoir du Thé à Fontainebleau. Ils avaient tellement de variétés. Elle aimait

s'y rendre et prendre le temps de sentir toutes les odeurs qui émanaient dans la boutique. Barbara soufflait sur le bol, en espérant que l'eau refroidisse un peu. Elle n'avait pas envie de se brûler la langue. Sophie, quant à elle, préférait tenir le bol entre ses mains, laissant sa tiédeur la réchauffer. Personne n'avait fait de commentaires à la lecture de ce passage.
- Il y a une autre partie que je trouve intéressante, avait poursuivi Abigaëlle, celui qui parle de l'intérêt de développer un état d'esprit positif. Est-ce que vous voulez que je continue ? avait-elle lancé en regardant ses consœurs du soir.

Sophie avait observé Barbara, en espérant qu'elle dise oui. Elle soufflait toujours sur son bol, comme absorbée par la chaleur qui s'en dégageait.

- Allez, soyons fous… On continue, répliqua Sophie avec affirmation.

- *« Vous avez probablement entendu maintes fois parler du concept de pensée positive. Ce principe nous dit d'orienter notre mental vers des images qui nous font du bien, vers des phrases constructives, des affirmations positives. En effet, le cerveau ne tient jamais compte d'une négation. Il s'attache aux mots principaux qu'il entend. Si je vous dis « ne regardez pas la chaise verte », ce que vous allez immédiatement faire, c'est diriger votre attention à la recherche de la chaise verte, tout simplement parce que le mot principal retenu par le cerveau est « verte », et non la négation. Si je veux que vous laissiez cette chaise verte de côté, je vous demanderai plutôt de regarder la chaise bleue. Ce sur quoi nous focalisons notre attention devient l'objet de notre pensée ; d'où l'intérêt d'être attentif au vocabulaire employé fréquemment ainsi qu'aux pensées émises. Une pensée agréable aura toujours un effet bénéfique sur le corps, lui donnant du dynamisme, alors qu'une pensée négative en abaissera son niveau d'énergie.* »

Abigaëlle s'arrêta de lire quelques instants. Il y avait des exercices proposés à cet endroit du livre. Elle voulait les faire vivre à ses amies.
- Sophie, Barbara, je vous propose de faire l'exercice suivant. Pensez pendant quelques instants au mot « déprime ». Puis observez ce qu'il se passe dans votre corps. Que constatez-vous ? Toutes les deux ressentaient une lourdeur et une fermeture du corps.
- Maintenant, pensez pendant un moment au mot « bonheur » ou encore « joie ». Que se passe-t-il dans votre corps ? Elles étaient d'accord pour dire qu'elles se sentaient plus légères, plus ouvertes, voire plus joyeuses. C'était vraiment une expérience assez étonnante. Comment de simples mots pouvaient-ils influencer le corps de cette manière ?
- Il y a un autre exercice à faire. Partantes ? Barbara avait fait un signe affirmatif de la tête. Abigaëlle avait donc repris de plus belle.
- « *Il a aussi été démontré, notamment par un relaxologue du nom de Jacobson, qu'une relation existait entre le champ de pensée et la réaction musculaire du corps. Ainsi, si j'imagine un mouvement du bras, les muscles de ce même bras réagiront par des microcontractions mesurables par un électromyogramme* ». Voilà la nouvelle expérience. Placez le bras de votre choix le plus loin possible en arrière, derrière vous, sans bouger le torse. Donnez-vous un repère, puis ramenez le bras à sa position initiale.

Sophie s'était bien assise sur sa chaise, le dos droit, pour faire ce que demandait Abigaëlle. Mais Barbara, immobilisée sur son lit, ne pouvait pas le faire. Abigaëlle venait de s'en rendre compte. Il fallait qu'elle trouve une autre stratégie, pour que Barbara puisse jouer avec elles. Elle eut l'idée de lui demander de faire l'exercice avec la tête qu'elle tournerait à droite ou à gauche, selon ce qu'il serait plus facile pour elle.

- Maintenant, fermez les yeux. Faites le même mouvement du bras ou de la tête, du même côté, mais sans le bouger vraiment, juste en utilisant votre imagination. Portez votre bras, ou votre tête, mentalement, le plus loin possible. Le bras pourrait même faire le tour du corps vers l'arrière. La tête pourrait pivoter complètement sur elle-même. L'imagination n'est pas limitée. Amusez-vous de cette possibilité pendant quelques instants. Puis, mentalement, replacez le bras et la tête, dans leur position initiale. Lorsque c'est fait, vous pouvez ouvrir les yeux.

Abigaëlle était curieuse d'entendre les commentaires. Sophie était déjà convaincue des capacités de l'esprit sur le corps, même si elle avait constaté que son bras allait plus loin. Barbara n'en revenait pas. Elle avait senti beaucoup plus de souplesse dans sa nuque et découvert qu'elle pouvait tourner la tête plus facilement et plus loin. Elle en était encore bouche bée. La soirée s'était terminée sur une discussion à bâton rompu, sur l'importance d'avoir un état d'esprit positif pour envisager de vivre sa vie différemment, quels que soient les évènements rencontrés, à la recherche de ce qui était bon pour soi et qui faisait du bien.

Barbara avait fini par s'endormir. Discrètement, Sophie et Abigaëlle avaient pris leurs affaires et étaient sorties de l'appartement sur la pointe des pieds, en refermant délicatement la porte derrière elles.

Avant de s'endormir, Abigaëlle repensait à ce que Me Durand lui avait dit sur l'esprit, que c'était la partie de soi qui exprimait des souhaits et des demandes. Elle repensait à son enfance, où elle avait appris qu'il n'était pas bon de demander. Mais si nous ne demandons rien, que pouvons-nous obtenir ? Ce n'était pas quelque chose d'égoïste que de demander. La demande était une étape dans la création de sa vie. Blottie au fond de son lit, elle restait songeuse. Demander, d'accord, mais quoi ?

Chapitre XIX

L'ouverture aux possibles

- Lorsque nous sommes en conscience modifiée, les demandes que nous réalisons mentalement ont plus d'effets. Centrez-vous bien et exprimez maintenant une demande pour vous-même, comme se sentir plus en confiance, plus sereine, ou encore, avoir plus d'énergie.
Me Durand était en train de guider la séance à Abigaëlle. La première idée qui lui était venue, c'était de rencontrer un homme avec lequel elle pourrait créer et réaliser de beaux projets communs. Elle sentait son cœur s'animer à cette idée.
- Exprimez intérieurement la même demande pour les êtres chers que vous connaissez, puis pour l'ensemble de l'humanité.
Rien que l'idée d'un monde où chacun et chacune pourrait être accompagné par un partenaire idéal, apportait de la joie à Abigaëlle. Cela pouvait-il être possible d'ailleurs ? Et souhaitable ? Abigaëlle s'était alors recentrée sur les sentiments d'amour et de joie qu'elle avait envie de diffuser dans le monde entier.
- Au fur et à mesure que vous exprimez votre demande, votre champ de perception s'élargit, et vous alimentez ainsi le conscient collectif. Maintenant, laissez-vous recevoir et accueillir toutes les sensations, comme si l'univers répondait à votre demande… Laisser être ce qui est, sans chercher à comprendre ou à interpréter… Les informations sensitives

prendront naturellement un sens au moment où la conscience sera prête à les interpréter.

    Abigaëlle était étonnée de ce qu'elle vivait. Dans une étrange impression de connaissance, elle savait que la rencontre était proche. En cette fin de séance de la **Relaxation Dynamique 2**, elle avait aussi l'impression d'une nouvelle présence dans les couches plus profondes de son être. La perception de l'attraction terrestre devenait une force d'incarnation et non plus une force de ralentissement. Elle se sentait davantage en union avec son corps, dégagée des émotions et des pensées. Elle commençait même à se contempler.

- Alors, Abigaëlle, comment avez-vous vécu cette séance, lui avait demandé Me Durand, après le retour à une vigilance ordinaire.
- Vraiment très bien… Je me sens toute légère et ressourcée. Je commence à m'estimer… vraiment… C'est très agréable.
- Bravo ! C'est excellent. Votre vivance devient de plus en plus riche. Voyez-vous comment vous pourriez utiliser cet exercice de mouvement du champ de perception ?
- J'ai bien compris que si je voulais profiter d'un magnifique soleil couchant, je pouvais élargir mon champ jusqu'à l'infini, ce qui me permettrait de me sentir unie à tout l'univers. Tous mes sens seraient alors exacerbés pour profiter pleinement du paysage. Je pourrais aussi procéder de la même manière, si je voulais gérer des émotions difficiles. La sensation émotionnelle deviendrait tellement petite qu'il me serait ainsi facile de retrouver une paix profonde. Au contraire, si je veux me protéger d'un environnement émotionnellement ou psychologiquement toxique, comme au travail par exemple, lorsque tout le

monde est irrité, angoissé ou sous pression, je peux réduire ce champ de perception beaucoup plus proche de mon corps, ce qui créera un sas imperméable aux émotions d'autrui.

On voyait dans le regard de Me Durand qu'elle était fière de son apprenante. Un sourire chaleureux rayonnait sur son visage.

- Félicitations, vraiment ! Profitez bien de toute votre journée, en conservant tout ce que vous venez de vivre de bon.

En sortant de chez la sophrologue, Abigaëlle remerciait intérieurement la rencontre de quelques mois faite avec la vieille dame, son déclic. Elle avait conscience du chemin parcouru jusqu'à maintenant, tout ce à quoi elle s'était ouverte depuis, et surtout, la possibilité d'avoir un « outillage bien-être » pour l'aider à mieux gérer et vivre son quotidien. Elle constatait aussi la manière différente dont elle envisageait le futur aujourd'hui. Ce n'était plus un avenir obscurci par un danger indéfinissable, qui créait des sentiments intérieurs d'insécurité, d'incertitude et d'inquiétude non fondés. Être toujours dans l'attente du pire était finalement très éprouvant et finissait par devenir oppressant au niveau du corps. Être convaincu de sa propre impuissance face à son devenir diminuait considérablement la confiance en soi. Avec les techniques de futurisation, Abigaëlle avait su trouver des ressources pour gérer un rendez-vous professionnel important. La **Sophro-Programmation Future** lui avait permis de préparer cet entretien de manière optimale, en créant un plan d'actions efficace. Elle savait combien elle avait gagné en sérénité, l'antidote de l'angoisse, grâce à la **Sophro-Projection d'une**

Capacité. C'était plus facile de s'envisager sereine dans un futur possible, alors qu'elle ne l'était pas encore totalement dans le présent. Son projet de changer d'entreprise était né au cours de sa pratique sophrologique. Le programme de **Sophro-Acceptation Progressive** lui avait permis de préparer mentalement l'entretien préalable qu'elle avait obtenu, en vue d'une nouvelle embauche. Alors qu'au début de la visualisation, elle angoissait, elle avait fini, en pratiquant pendant trois semaines sur le même sujet, par se sentir confiante en ses capacités de parler d'elle et ses atouts pour le poste. La **Sophro-Stimulation Projective** l'avait aidée à créer une force intérieure propice à la réussite de son projet. Quelques jours avant la date réelle de son entrevue, elle avait commencé à ressentir de l'assurance en elle. Pas d'angoisse, pas de doute. Juste un sentiment intérieur de force et d'optimisme quant à l'obtention du poste qu'elle briguait.

Chapitre XX

Le sentiment d'amour, base de l'estime de soi

Abigaëlle sentait qu'une rencontre était proche. Pour autant, elle était en manque d'amour. Elle avait lu ce matin, en parcourant son Facebook, cette citation de Rabinfranath Tagore : « L'amour est l'ultime signification de tout ce qui nous entoure. Ce n'est pas un simple sentiment, c'est la vérité, c'est la joie qui est à l'origine de toute création ». Elle commençait à vivre la joie en elle, c'était vrai, un autre antidote à l'angoisse. Mais elle avait envie de ressentir le grand amour en elle. Savait-elle vraiment ce que c'était ? Elle pensait qu'elle ne devait pas assez s'aimer pour ne pas rencontrer quelqu'un qui l'aimerait en retour. La sophrologie émettait l'idée que le sentiment d'amour était la qualité fondamentale d'expression de l'âme et la base de l'estime de soi. Comment pourrait-elle y parvenir ? Toujours en parcourant son Facebook, accoudée sur le coin de son canapé, une annonce l'interpella. Il y avait une exposition sur l'amour, à deux pas de chez elle. Celle-ci durait trois jours. Quelle synchronicité ! Un coup de fil à Sophie pour savoir si elle était partante et disponible pour y aller aujourd'hui. Et voilà les deux amies devant la porte de l'exposition en ce début d'après-midi.

Dans la première salle qu'elles étaient en train de visiter, il y avait des sortes de tableaux vivants reflétant les différentes définitions de l'amour. Comme le proposait Paul Eluard, « il fallait bien qu'un visage réponde à tous les noms du monde ». Il existait tant de manifestations et de compréhensions différentes de l'amour, alors que dans son essence, on aurait pu l'imaginer comme une seule et même chose, un seul et même état. Abigaëlle voyait l'amour comme des milliards d'atomes en action, une matière première, une force créatrice et structurante de l'existence. Elle et Sophie avançaient lentement, prenant le temps de regarder les tableaux. Ils montraient les différentes manières d'exprimer l'amour. Les premiers présentaient le sentiment d'affection que l'on peut éprouver pour quelqu'un ou pour quelque chose, à la recherche de la proximité de l'autre. On voyait des amis qui s'enlaçaient tendrement, ensuite un couple en train de faire l'amour passionnément, puis un groupe d'amis qui échangeaient ensemble. En fond sonore, on entendait des dialogues, parfois d'amoureux, parfois plus intellectuels ou spirituels. Des questions aussi, des « M'aime-t-il ? », « M'aime-t-elle ? ». L'ensemble était assez surprenant, presque surréaliste.

Le décor se poursuivait par d'autres tableaux sur l'amour filial. Une mère portait son bébé dans les bras, tout contre son sein, montrant l'amour fusionnel des premiers temps. On voyait l'enfant grandir et petit à petit, s'éloigner de sa mère. La symbolique du père représentait la structure et la sécurité, celle de la mère, la liberté et l'intuition.

En traversant un long couloir, Abigaëlle et Sophie découvraient l'amour vu du côté des biologistes. Il y avait des mesures hormonales, et une image de phéromones qui se libéraient et activaient le désir et la passion amoureuse chez l'autre. Il était aussi fait référence à un symposium ayant eu lieu à Stockholm en août 1996, avec la tâche délicate de répondre à la question : « Y a-t-il une neurobiologie dans l'amour ? ». La conclusion portée dans une perspective phylogénétique[12], montrait que l'amour était un processus émotionnel et motivationnel en rapport avec une évolution qui permettait d'augmenter les bénéfices adaptatifs associés à la reproduction. Abigaëlle n'avait pas tout saisi de ce que les chercheurs avaient voulu dire par là !

Les deux amies s'étaient ensuite arrêtées devant une animation qui exposait ce qu'était l'amour vu du côté des psychologues. Il y avait deux silhouettes face à face, dont une était vide à l'intérieur, et l'autre cherchait à combler ce vide en s'oubliant elle-même. La scène se répétait inlassablement, ce qui lui donnait un air assez effrayant. C'était comme si l'amour était un besoin insatiable, avec une incapacité de le satisfaire par soi-même. Une phrase ponctuait la scène : « Aimer n'est que la façon inconsciente d'exprimer sa propre impuissance à l'autonomie pour un besoin particulier à un moment donné ». Abigaëlle et Sophie en restaient stupéfaites. Elles n'avaient jamais pensé à l'amour en ces termes. Cela leur avait fait peur.

La salle suivante leur avait davantage plu. Elle évoquait l'amour des poètes, des artistes, des écrivains et des philosophes. Il y avait une lune et des étoiles qui scintillaient dans un ciel bleu nuit et dont le reflet venait faire vibrer le cœur de Colombin, afin qu'il allume l'amour dans le cœur de sa Colombine. On y voyait aussi représenter l'amour des hédonistes, appréciant la bonne table, la bonne chair, la vie sous toutes ses formes et tous ses aspects. C'était beaucoup plus joyeux aux yeux d'Abigaëlle et de Sophie. Une statue de

---

[12] Qui a rapport à la formation, l'évolution et le développement des espèces vivantes.

Spinoza les accueillait avec les paroles suivantes : « L'amour n'est autre que la joie ». Dans un coin de la pièce, il y avait une peinture de Cupidon, tirant une flèche d'or dans le cœur d'humains et d'humaines, pour leur apporter amour et désir de l'amour. Une autre peinture montrait Aphrodite, la déesse de l'amour et mère de Cupidon, naissant nue en sortant de la mer. Abigaëlle et Sophie se sentaient plus proches des représentations des artistes et des poètes que de celle des psychologues. Elles avaient échangé un grand sourire, avant d'explorer la dernière salle.

Celle-ci parlait de l'amour des spirituels et des scientifiques en mécanique quantique. À gauche, on y découvrait des statues de religieux qui prônaient l'amour du prochain. De l'autre côté, une vidéo montrait un prêtre en train de définir l'amour comme une force intérieure qui poussait l'individu à rechercher la paix et à la partager avec autrui. Il parlait du désir d'être avec l'autre, de le comprendre, de l'accompagner, de vivre avec, dans un équilibre de donner et de recevoir. L'amour prenait un air humain. On entendait aussi un moine zen expliquant que l'amour était une des quatre qualités d'être, au même titre que la compassion, la joie et l'équanimité. Un moine tibétain soulignait que l'amour était le souhait du bonheur de l'autre, la compassion, le souhait de cessation de la souffrance de l'autre, la joie, la participation au bonheur de l'autre, et l'équanimité, l'attention portée à l'autre sans attachement particuliers.

Dans la partie droite de la salle, on avait l'impression de faire un saut dans l'univers. De l'infiniment petit à l'infiniment grand, il y avait des molécules et des atomes suspendus dans l'espace. La conscience de l'amour n'était, pour ces scientifiques, qu'une aspiration à l'unité, de même nature que le magnétisme des aimants. L'énergie de l'amour, quant à elle, ne serait qu'une seule énergie magnétique présente aussi bien dans le cosmos que dans l'atome. Ils expliquaient qu'il n'existait qu'une seule sorte de particules, munie de deux polarités magnétiques, dont le but serait de faire à nouveau coexister la charge magnétique complète. La conscience et l'amour étaient considérés comme une symphonie sacrée afin de retrouver l'unité en soi.

Sophie et Abigaëlle laissaient leur esprit s'envoler au travers de ces molécules et de ces myriades d'étoiles illuminant le plafond de la pièce. En sortant de la salle d'exposition, elles avaient eu envie de prendre leur temps. Il y avait tant de choses à dire. Elles s'étaient donc retrouvées au Café des Glaces à Fontainebleau, pour échanger sur leurs impressions réciproques.
- Dans sa manifestation, je comprends que l'amour sous-tend aussi bien l'estime de soi qu'une juste empathie pour l'autre, avait fini par commenter Sophie. L'amour ne peut exister que grâce à une individualité saine et une considération de sa propre valeur aussi bien que de la valeur de l'autre. Je veux bien imaginer que la peur d'être limité en amour, la crainte de basculer dans ses contraires comme la haine ou l'indifférence, ou encore, la peur de perdre l'amour de l'autre, ne pourraient plus être présentes si nous faisions place en nous à ce que nous sommes vraiment.
- C'est à dire ? avait demandé Abigaëlle.
- Un être doué d'une conscience lumineuse et puissante, ainsi que d'une énergie d'amour transcendant le mesurable.
- Belle synthèse de cette visite, Sophie. Félicitations ! chantonna presque Abigaëlle. Je pense que l'estime de soi se

construit à partir de l'amour reçu… Mais pas uniquement. Elle se construit aussi par la valeur que nous nous donnons à nous-même.
- Tu peux m'en dire plus ?
- On dit que l'estime de soi se construit, pour une grande part, grâce aux marques d'affection et de tendresse que l'on a reçues dans l'enfance, à partir du moment où elles ont été données avec sincérité et que l'on a reconnu et accepté ces marques d'affection. Mais nous pouvons aussi apprendre à nous nourrir de l'affection et de la tendresse à n'importe quel moment de notre vie, même si cet amour n'a pas été présent dans notre enfance. Regarde, quand quelqu'un croise notre route, et qu'il nous prodigue un sourire, une attention particulière, comme cela a la vertu de nous ressusciter. La puissance qui réside dans l'accueil ou le sourire de l'autre dépasse l'entendement. Nous pouvons aussi nous donner de l'amour, de la douceur et de la bienveillance, sans jugement. Ce n'est qu'un apprentissage à faire, quel que soit l'âge que l'on a.
- Toute cette expérience me donne envie de m'estimer encore plus, affirma Sophie. Tu crois que la sophrologie pourrait m'y aider ?
- Certainement, répondit Abigaëlle d'un ton très doux. Elle contribue à développer et à renforcer l'affirmation de soi et la reconnaissance de son droit d'exister en étant heureux. Par la reconnaissance de sa propre valeur, nous nous donnons le droit de nous sentir valable, aimable et adorable. Je pensais à ce que disait Jean-Paul Sartre, se sentir soi-même justifié d'exister, tel est le sommet de la joie que procure l'amour, pour peu qu'il soit réel.

Chapitre XXI

Le doute

Abigaëlle était en proie au doute. Elle progressait vraiment beaucoup dans sa connaissance d'elle-même, mais aujourd'hui, elle se sentait mal. Était-ce relié à sa visite récente de l'exposition et à ses réflexions sur l'amour ? Elle avait une vision très claire d'un monde en crise, qui dépassait l'aspect financier. C'était une crise existentielle. Elle n'avait plus l'impression d'avoir sa place dans ce monde, comme si le sens de l'humain semblait s'être égaré dans des chemins de traverse, où seuls comptaient la vitesse, la performance et l'efficacité à tout prix, aux dépens du respect de l'autre. Elle voyait encore plus qu'auparavant, la violence et l'agressivité des uns envers les autres, peu importait où son regard se tournait.

Elle percevait bien que plusieurs mondes de conscience se chevauchaient, ce qui parfois la faisait replonger dans ses états d'angoisse, car elle se demandait si le monde était vraiment capable d'évoluer vers son meilleur. Elle discernait le monde de ceux qui étaient embarqués dans un système de fonctionnement toxique, dirigés par des modèles de pensées et de fonctionnement qui lui semblaient obsolètes, manipulateurs et restrictifs. Ils ne pouvaient même plus s'apercevoir de l'atrocité de leur comportement car ils le considéraient comme « normal ». Abigaëlle avait été horrifiée lorsqu'une de ses connaissances, Stéphanie, lui avait raconté ce que son médecin avait posé comme diagnostic pour elle, alors qu'elle était calme depuis qu'elle faisait de la sophrologie. Son mari ne la reconnaissait plus. Elle n'avait plus ses régulières sautes d'humeur. Il lui avait conseillé d'aller voir un médecin. Peut-être couvait-elle une dépression ? Pour faire plaisir à son mari, elle avait consulté son généraliste qui lui avait prescrit un antidépresseur. Elle avait choisi de ne pas le prendre, tout simplement parce qu'elle comprenait qu'elle commençait à toucher ce qu'elle recherchait depuis si longtemps, un monde intérieur de paix et de sérénité, son « nirvana ». Abigaëlle distinguait aussi le monde de ceux qui préféraient s'éloigner de cette réalité morbide, se désinvestir et se désengager, parce qu'ils la considéraient comme trop dure. Ils choisissaient alors de vivre dans leurs rêves, dans l'illusion d'un monde parfait, ou encore, devenaient agressifs envers les autres jusqu'à vouloir les tuer. Et puis, il y avait le monde de ceux qui voulaient changer leur réalité, en exprimant des valeurs fondamentales dans leur univers. Ils voulaient s'entourer de gens qui avaient une conscience des choses, des comportements respectueux, tenant autant compte de l'individualité que d'une fraternité cohérente. Ils choisissaient de partager des expériences dans un enrichissement mutuel et de soutien, plutôt que dans des combats de chapelle et de destructions.

Abigaëlle discernait tellement le chevauchement de ces mondes et leur antinomie. Elle savait que les sociétés avaient besoin de développer une conscience reconnaissant l'existence de chacun comme sacrée… Qu'il y avait le besoin d'un engagement individuel à se respecter mutuellement, le besoin de retrouver des valeurs universelles portant l'humanité vers le beau, le bon, le grand… Qu'il y avait une nécessité de sortir d'un modèle de fonctionnement basé sur la peur de l'autre, la peur de la vie, la peur du monde, pour passer un à modèle de fonctionnement basé sur la joie et la foi en la vie. Abigaëlle avait le désir de créer une réalité différente, dans laquelle elle œuvrerait avec créativité et légèreté pour aider à éveiller les consciences.

Assise à la terrasse de son café préféré, un verre de jus d'ananas à la main, elle était en train de lire un article qui parlait de la théorie des systèmes complexes[13]. La chronique disait que l'histoire collective s'était toujours créée à partir de l'histoire individuelle. Cette théorie était née, entre les années 1940 et 1970, de la cybernétique avec N. Wienervers, de la théorie du chaos avec E. Loren, dont M. Pointcarré avait été le précurseur, et de la systémique avec L. Bertalanffy. Elle avait vraiment pris forme en 1985, grâce à l'essor de l'informatique. Elle disait que les systèmes complexes étaient constitués d'agents en triple interactions : entre eux, avec l'environnement dans lequel ils existaient, et avec le résultat de ces interactions. Les agents pouvaient être les cellules d'un organisme, les animaux dans un écosystème, les habitants dans une ville, une entreprise dans un système économique. Elle disait que les règles de comportement de l'agent définissaient ses réactions en fonction des informations reçues au moment présent, relié à son état de conscience et à sa mémoire. Et qu'il était donc impossible de prévoir les évènements à venir pour ce système, contrairement aux approches sociologiques, qui déduisaient le comportement global du système à partir de l'étude de chaque partie prise isolément, et prônaient donc la prévisibilité du système.

---

[13] Extrait d'une présentation de l'Institut Bull, De la théorie du chaos à la théorie des systèmes complexes, 2008, Georges Lepicard.

Abigaëlle était songeuse. Ainsi, l'évolution d'un système était imprévisible. Cela lui redonnait de l'espoir. Selon cette théorie, elle comprenait que la cohérence d'un système était la conséquence d'un ajustement permanent de fonctionnalités entre elles. Elle pensait que, si chacun se plaçait en tant qu'acteur conscient d'avoir un impact au sein du groupe, il pourrait commencer à créer une vision de ce qu'il souhaiterait vivre pour le futur ; chaque parcelle de vision serait porteuse d'un monde différent, comme les pièces d'un puzzle contribuant à un tableau d'ensemble.

La journaliste disait aussi que, si nous étions assez nombreux pour vouloir quelque chose, il y avait de grandes chances pour que cela arrive. Elle parlait d'atteindre une masse critique d'individus pour changer la conscience, en s'appuyant sur l'histoire du centième singe, racontée par Ken Keyes[14]. « *Une espèce de singe japonais, le Macaca Fuscata, a été observée à l'état sauvage par des anthropologues dans les années 1950, pour en analyser leurs comportements alimentaires. Ces scientifiques, basés sur l'île de Koshima, alimentaient les singes avec des patates douces crues, en les jetant sur le sable. Les singes aimaient le goût de ces patates douces, mais ils trouvaient probablement leur saleté déplaisante. Un jour, une femelle âgée de 18 mois nommée Imo, trouva qu'elle pouvait résoudre le problème en lavant la patate dans une rivière voisine. Elle transmit cette manière de faire à sa mère. Ses compagnes de jeu apprirent aussi cette nouvelle pratique et elles l'enseignèrent également à leur mère. Cette innovation*

---

[14] Ce texte a été tiré du livre "Le Centième Singe" par Ken Keyes, J.-R. Ce livre est libre de droits d'auteur (copyrights) et le matériel peut être reproduit en tout ou en partie.

comportementale fut graduellement adoptée par différents singes devant les yeux des scientifiques.

Entre 1952, la date du début de l'expérience, et 1958, tous les jeunes singes avaient appris à laver les patates douces pour les rendre meilleures au goût. Seuls les adultes qui avaient imité leurs enfants, avaient appris cette amélioration sociale. Les autres adultes continuaient à manger des patates douces pleines de sable. Alors, quelque chose d'étonnant est arrivé ! À l'automne 1958, un certain nombre de singes de Koshima lavaient leurs patates douces. Le nombre exact n'est pas connu. Mais supposez seulement qu'un matin, avant que le soleil ne se lève, il y ait eu quatre-vingt-dix-neuf singes sur l'île qui lavaient leurs patates douces, et que plus tard dans la matinée, un centième singe ait appris à les laver...

Alors, c'est arrivé ! Ce soir-là, presque tous les singes de la tribu se mirent à laver les patates douces avant de les manger. C'est comme si l'énergie additionnelle de ce centième singe avait créé une sorte de percée scientifique. Et la chose la plus surprenante observée par les scientifiques fut que l'habitude de laver les patates douces traversa la mer. Des colonies de singes vivant sur d'autres îles, ainsi que ceux vivant sur le continent de Takasakiyama, commencèrent à laver leurs patates douces. »

Abigaëlle en était ébahie. Il y aurait comme une trame qui relierait les inconscients entre eux, et qui permettrait d'accélérer les prises de conscience et l'apprentissage de nouveaux savoir-faire ? Cette idée continuait à lui donner du baume au cœur. Tout était encore possible ! Elle avait replongé son regard dans le magazine pour terminer l'article.

« *Nous pouvons ainsi comprendre de cette expérience, concluait la journaliste, que lorsqu'une masse critique d'individus accomplit une prise de conscience, prélude à un nouveau comportement, cette nouvelle connaissance peut être communiquée, d'un esprit à un autre, par le réseau de l'inconscient collectif. Le nombre exact d'individus n'est pas connu. Le changement semblerait tenir de la magie. Mais comme l'évoquait André Malraux, dans les voix du silence, à la maîtrise, l'enfant substitue le miracle.* »

Chapitre XXII

Quand l'histoire devient une force

L'espérance s'animait à nouveau chez Abigaëlle. Elle avait conscience du chemin parcouru. Elle était devenue une créatrice du futur et sentait qu'elle était de moins en moins influencée par son passé. Elle avait bien compris que, pour générer la vie qu'elle souhaitait, c'était à partir de son présent qu'elle devait mobiliser l'énergie. Elle était en train de faire de la place en elle pour mieux s'autoriser à vivre. La liberté, quoi ! Elle avait affiché sur la porte de son frigo ce beau message de Marcel Proust : le véritable voyage de la découverte ne consiste pas à chercher de nouveaux paysages, mais à voir avec des nouveaux yeux. Il était d'actualité, car Abigaëlle n'avait plus envie de voir ses expériences présentes au travers de ce qu'elle considérait comme des échecs passés, mais avec un regard entièrement neuf. Elle sortait de ses a priori et des conclusions qu'elle avait pu porter et qui, elle le ressentait bien, pouvaient la limiter dans sa vie. Elle se sentait prête à créer de nouvelles choses, à partir de la dynamique existentielle dans laquelle elle se trouvait aujourd'hui.

Me Durand lui avait expliqué que la troisième étape en sophrologie était une sorte de pause dans la méthode, afin de revisiter ce qu'elle avait vécu dans son passé pour lui redonner de la confiance. Les exercices dits de « Prétérisation » lui offraient la possibilité d'aller revivre tous les bons moments de ce passé, souvent mis de côté au profit des mauvais. Ce véritable programme d'entraînement de la mémoire positive donnait une force nouvelle à Abigaëlle. D'une certaine façon, elle était en train de se libérer des chaînes de son histoire. La **Sophro-Mnésie Libre** avait fait partie de ses premiers pas pour retrouver confiance dans ses racines. Cela la rendait légère et l'apaisait. Elle avait réussi grâce à la **Sophro-Mnésie Senso-Perceptive**, à faire appel à la mémoire corporelle en replongeant dans d'autres bons souvenirs de la petite enfance. Elle s'était revue à l'âge de six ans, en train de jouer avec son chat dans la cuisine de sa grand-mère. Elle avait retrouvé les bonnes odeurs du pain en train de cuire, la joie du jeu, la douceur des poils de son animal. Elle avait revécu toutes ces bonnes sensations comme si c'était aujourd'hui. Après la séance, elle s'était sentie extrêmement joyeuse.

Rentrée chez elle, Abigaëlle avait eu envie de sortir l'album photos de sa jeunesse. Elle tournait chaque page, les unes après les autres, souriant aux drôleries qu'elle aimait faire à l'époque de son adolescence et dont elle ne souvenait plus vraiment. Sur cette photo, elle était avec sa sœur, en train de faire le clown. Cela faisait longtemps qu'elle n'avait plus de ses nouvelles. Elle s'était embrouillée pour une histoire bête, et chacune restait dans leur coin depuis. Que pouvait-elle tirer de cette expérience maintenant ? Elle avait laissé son esprit lui proposer des idées, mais rien n'était venu. Ce n'était peut-être pas encore mûr !

La semaine suivante, toujours en cherchant à se rappeler de moments réels de son enfance, Abigaëlle avait commencé le programme de **Sophro-Mnésie Progressive**. C'était amusant de constater comment les souvenirs revenaient avec facilité grâce à la souplesse d'esprit acquise. Elle était même étonnée d'être capable de se remémorer de bons moments entre l'époque de sa naissance et celle de ses cinq ans. À cet âge, les souvenirs apparaissaient d'abord dans la conscience par des sensations plutôt que par des images. Elle avait ainsi revécu un jour, lorsqu'elle était bébé, dans son landau. Elle s'était sentie protégée, bien au chaud, dans un endroit moelleux et doux. Elle avait l'impression d'avoir la vision d'une partie de ciel bleu. Elle avait senti l'air caresser son visage, une fraîcheur dans la gorge. C'était agréable. Le calme l'enveloppait. C'était presque comme un moment de sieste. Elle n'avait aucune pensée, juste des sensations et des ressentis, et le sentiment d'être là. Qu'est-ce que cela lui avait fait du bien ! Après cette expérience, Me Durand lui avait demandé de classer le souvenir en quatre colonnes, pour structurer l'esprit et éviter l'intellectualisation ; celle des êtres chers, celle des choses ou des objets qui avaient de l'importance à ce moment-là, celle des projets ou des désirs de l'époque, et enfin, celle des sentiments agréables présents. Abigaëlle avait alors pris conscience que les souvenirs choisis par son inconscient suivaient toujours un fil rouge. Ils évoquaient un besoin à satisfaire, un désir à réaliser, ou encore, ils donnaient une idée de ce qu'il serait bon pour son bien-être. De la vivance de ce souvenir bébé, elle en retirait qu'il serait bénéfique de se mettre un peu au repos, de se « cocooner », et de faire un tour dans la nature. C'était vraiment très intéressant et si vrai par rapport à ce qu'elle vivait en cet instant de sa vie.

Elle avait aussi pratiqué la **Relaxation Dynamique 3**. C'était une véritable rencontre du corps et de l'esprit. Elle découvrait comment ses deux dimensions d'elle-même étaient capables de se mettre en harmonie, un esprit acceptant d'être pleinement présent dans son corps et diffusant intentionnellement de la bienveillance envers lui, de la douceur. C'était presque comme une rencontre amoureuse. Elle pouvait ressentir l'affection et la chaleur dans cette rencontre. Son corps le lui rendait bien, parce qu'il avait plus d'énergie pour faire les choses. Elle se sentait beaucoup plus en forme aujourd'hui que quelques années en arrière. Alors, c'était possible de s'imaginer avancer en âge, tout en gagnant de l'énergie, de la force et de la jeunesse ? Dans cet exercice, Abigaëlle avait aussi appris la Marche des Trois Pas. C'était une marche méditative sur la qualité de trois premiers pas réalisés en conscience. Le premier pas invitait à réfléchir aux débuts d'une histoire, d'un projet, d'une action, le déséquilibre nécessaire pour avancer et retrouver un nouvel équilibre. La méditation du deuxième pas portait sur l'assurance qui se gagnait au fur et à mesure des pas faits, le chemin qui se poursuivait volontairement. Quant au troisième pas, on pouvait contempler le chemin parcouru, tout ce qui était derrière soi et qui pourtant, avait contribué à nous mener là où on en était dans la réalisation de son histoire.

Abigaëlle avait terminé cette troisième étape par la **Sophro-Stimulation Sensorielle**. C'était une technique de synthèse, où elle reconnaissait le passé, sans le refouler ni y rester fixé. Elle était capable d'apprécier la dimension du corps au présent, tout en sachant construire son futur. Elle pouvait envisager toutes les possibilités existentielles joyeuses et pleines de valeurs qui pouvaient le constituer.

Chapitre XXIII

Un moment de pause

Abigaëlle, Sophie et Barbara qui se remettait lentement de son accident, avaient décidé de partir en week-end. C'était un repos bien mérité, après toutes ces expériences. Abigaëlle avait réussi son entretien d'embauche et elle s'épanouissait dans son nouveau travail. Sophie était joyeuse de retrouver ses amies. Quant à Barbara, on avait l'impression que son accident lui avait ouvert une porte vers elle-même. Elle avait démarré un accompagnement sophrologique depuis quelques semaines. Même si elle savait qu'elle avait de fortes résistances pour apprendre à se sentir bien, elle faisait confiance à la sophrologue et à ses amies, toujours là pour elle. Elle ne se voyait pas pour l'instant ne plus râler. C'était un peu comme sa marque de fabrique et elle n'avait pas envie de l'abandonner, pensant qu'elle s'abandonnerait elle-même si elle le faisait.

Sophie avait loué un mignon petit chalet dans les montagnes suisses, situé en pleine nature. Des vallées à l'horizon, des arbres recouverts de neige, le paysage qui s'offrait à leurs yeux était porteur de calme et de sérénité. Ce soir, elles étaient toutes les trois installées devant un bon feu de cheminée, en train de manger une excellente fondue savoyarde. Après quelques boutades échangées sur un ton joyeux, Barbara avait questionné Abigaëlle sur son parcours sophrologique. Elle voulait savoir où elle en était aujourd'hui. C'était avec un grand plaisir qu'Abigaëlle avait pris la parole.

- Je me rends compte qu'au début de mon processus, je n'avais pas vraiment conscience de ma propre conscience. Comme si l'espace en moi était noire. C'est la respiration qui a commencé à me faire sentir et percevoir mon corps. C'est un vrai outil, et gratuit, de surplus, avait-elle commenté en souriant. Grâce à la respiration, j'ai pu réussir à évacuer tout ce qui pouvait me stresser, les tensions physiques, l'angoisse, les pensées parasites. Je pouvais aussi l'utiliser pour me dynamiser quand j'en avais besoin, en stimulant d'agréables sentiments en moi. J'ai très vite constaté que mon corps retrouvait du punch, de l'énergie, qu'il était plus vivant. À ma grande joie, mon mental a pu s'arrêter de boucler. J'ai appris à vivre du calme et de la sérénité intérieure. Trop top ! Avec les techniques de l'étape de « Présentation », j'ai senti en moi comme un début d'ouverture. J'ai pris conscience de mon schéma corporel, et surtout, de la valeur de mon corps. Comme si j'en découvrais la réelle dimension. C'est peut-être étrange comme idée, mais la perception que nous avons en général du corps n'est pas la vraie réalité biologique de tout ce qu'il s'y passe intérieurement.

- Tout à fait d'accord, avait ponctué Barbara. Mais ce n'est pas facile d'y accéder. J'ai l'impression d'avoir mis tellement de barrières pour y entrer.

- Ne t'inquiète pas, avait rétorqué Abigaëlle. Tu sais ce qui fait la réussite de tout apprentissage ?

- Oui, bien sûr. Si tu ne l'as pas dit une fois, tu ne l'as pas dit cent fois ! avait répondu Barbara. C'est la…. pratique, avec un grand P.

Sophie avait souri, sachant combien Barbara avait déjà progressé dans sa manière d'approcher la vie.

- Comme je le disais, avait continué Abigaëlle, j'ai vraiment découvert mon corps d'une manière plus profonde, en plongeant dans mes structures biologiques. Un vrai nouveau monde. C'est ce qui m'a permis d'être beaucoup moins dans la tête, à me projeter dans les pires situations possible. Ensuite, avec les exercices de « Futurisation », j'ai découvert qu'au-delà du mental raisonnant, il y avait l'esprit. J'ai compris ce que cela voulait dire d'être présente dans son corps sans se juger. J'ai vraiment appris à aborder le futur autrement. Je pouvais diriger l'énergie de mes pensées et de mes sensations, pour créer des situations de légèreté, de liberté et de bonheur. Avec l'étape de « Prétérisation », je me suis sentie prête à vivre une véritable rencontre amoureuse de moi avec moi. M'accepter comme je suis et m'aimer profondément est devenu comme une seconde nature.

Barbara enviait Abigaëlle. Mais il lui était aussi facile d'imaginer que, si Abigaëlle avait réussi à en être là aujourd'hui, elle aussi pourrait y arriver. D'une certaine manière, elles se ressemblaient.
- J'ai aussi appris à me réconcilier avec mon passé, avait poursuivi Abigaëlle. Cette partie de mon histoire m'avait toujours fait peur. Des choses pas très drôles. J'avais bien essayé de faire une psychothérapie. Mais je replongeais toujours dans ce passé que je ne voulais plus voir. C'était fatigant à la longue. Avec la sophrologie, j'ai appris à me laisser revivre les bons moments de mon histoire, pour les savourer à nouveau. Les effets en ont été très ressourçant et dynamisant. Cela m'a aidé à me dire que je n'étais pas aussi nulle que ça, que je n'avais pas tout foiré dans ma réalité. Et voilà où j'en suis aujourd'hui, avait fini par conclure Abigaëlle.

- C'est quoi la suite ? avait questionné Sophie, toujours curieuse d'en savoir un peu plus.
- La suite, c'est l'étape des valeurs de l'être. Elle permet une véritable transformation intérieure où le corps et l'esprit s'unissent pour devenir une seule et même dimension, un Moi responsable de ce qu'il crée. Les valeurs se vivent, non pas intellectuellement, mais avec l'ensemble de la corporalité.
- Ouah ! Quel programme, s'était exclamée Barbara. Même si elle ne pouvait pas vraiment se rendre compte de ce que cela donnerait sur le terrain, rien que d'entendre Abigaëlle l'exprimer avec ferveur, la rendait elle aussi, plus légère et plus ouverte.
- Et oui, Barbara, lui avait répondu Abigaëlle en la regardant droit dans les yeux. Nous sommes des êtres de valeur et c'est important de le reconnaître. L'estime de soi s'appuie sur l'expression des valeurs existentielles. Plus nous sommes capables d'exprimer des valeurs d'amour dans notre vie, plus la joie prend de la place. Les deux sont très reliés. La joie est l'antidote de l'angoisse et de l'anxiété. Alors, rayonnons la joie !

Abigaëlle était en train de danser sur le sol comme l'aurait fait un Indien autour d'un feu de camp. Barbara sentait ses yeux se fermer. La digestion de la fondue commençait à faire ses effets. Ce n'était pas que le sujet manquait d'intérêt. Mais le sommeil l'appelait. Abigaëlle, ayant vu Barbara plisser des paupières, s'était alors calmée. Le feu commençait à s'éteindre dans la cheminée. L'envie de se blottir sous une couette moelleuse était arrivée. L'esprit voulait se laisser flotter dans une agréable torpeur.

Le lendemain matin, elles étaient en pleine forme. Elles avaient prévu une sortie en raquettes dans la forêt d'Aletsch. Avec ses grands arbres, l'ambiance était magique. Alors qu'elle marchait tranquillement sur ce sentier, Abigaëlle laissait ses réflexions s'émettre au rythme de ses pas. Elle n'avait plus envie d'aborder l'existence dans un état de conscience « pathologique », comme elle l'avait fait pendant des années, toujours voir les choses de manière négative, être critique envers elle-même comme envers les autres, se laisser déborder émotionnellement. Elle savait que ce mal-être de l'époque était le reflet d'une incohérence entre le paraître et l'être « vrai » ; ce qui l'avait maintenu pendant des années dans l'illusion et la peur de la vie. Cette époque était révolue. Elle n'avait plus envie de se laisser influencer par son éducation. Les choses n'étaient pas ainsi parce que cela devait être ainsi. Elle en avait vécu les effets, comme un manque de réalisation de ses désirs, une limitation dans sa créativité, une dépossession de ses choix. Elle ne voulait plus avoir une vie qui enchaînait le boulot et le dodo, ce qu'elle appelait le mode « survie ». Cette époque aussi était révolue.

- C'est beau, hein ? avait lancé Sophie dans le silence de la montagne.
- C'est magnifique, avait répondu Barbara.
- J'adore ! J'ai l'impression que chaque pas que je fais permet à mon âme d'être présente, avait complété Abigaëlle.
- C'est beau ce que tu dis, avait soufflé Sophie.

Le silence s'était à nouveau fait entendre. Chaque pas crissait sur le sol. Par moments, les raquettes s'enfonçaient dans la neige plus molle, malgré le tracé fait par le guide. Abigaëlle respirait lentement et savourait la splendeur et l'originalité des tas de neige formés sur les branches d'un arbre. On aurait dit des sculptures. Ici, un écureuil, là, un ours polaire. Sa créativité d'esprit était revenue. Elle était capable d'aborder la vie dans une attitude phénoménologique[15]. Elle savait que les choses étaient tout autrement que ce qu'elle avait appris jusqu'à aujourd'hui. Elle s'ouvrait à de grandes possibilités existentielles, aussi bien pour sa vie privée que pour sa vie professionnelle. D'ailleurs, quand elle reverrait l'homme qu'elle avait déjà croisé deux fois, parce qu'elle savait qu'elle le reverrait, elle oserait l'inviter à prendre un café avec elle. Tout au long de cette promenade, elle sentait qu'elle s'éveillait à une autre partie d'elle-même, une femme curieuse de la vie, une femme qui en devenait la principale actrice. Elle percevait sa grandeur d'être, sa liberté, son authenticité. Toutes ces valeurs qui commençaient à s'activer en elle prenaient corps, par les actions qu'elle menait. Et elle en était fière !

---

[15] La phénoménologie expose une démarche qui permet d'étudier la conscience d'une nouvelle manière, en mettant entre parenthèses ses connaissances antérieures, ses aprioris et ses préjugés. C'est d'un regard neuf que l'on vit l'objet de l'étude, ce qui permet de vivre tous les phénomènes qui se présentent avec sa propre perception des choses, et ainsi faire ses propres découvertes, chaque expérience étant unique.

Chapitre XXIV

La sortie de l'ombre

C'était une belle journée qui débutait. Abigaëlle marchait tranquillement sur un sentier de la forêt de Fontainebleau. Leur court séjour en Suisse lui avait redonné le goût des balades dans la nature. Elle marchait comme elle l'aurait fait dans la **Relaxation Dynamique 4**, la technique principale de la quatrième étape, celle de la « Totalisation ». Elle observait son environnement en pleine présence, comme si c'était la première fois. Elle découvrait ainsi les détails des feuilles d'un chêne grandiose et prenait le temps d'en observer toutes les parties. Elle avait conscience de la valeur de la liberté qui s'exprimait par les choix qu'elle faisait. Elle pouvait choisir ce qu'elle voulait, prendre n'importe quel chemin, en fonction de ce que son intuition et son désir lui dictaient. Elle ressentait en elle les infinies possibilités qui lui étaient maintenant disponibles. Elle se sentait grandie, tout en ayant conservé son âme d'enfant, celle qui joue et qui s'amuse dans la vie.

Abigaëlle s'amusait à déployer la **Tridimensionnalité des Objets** qu'elle rencontrait. C'était une autre manière de se relier à son environnement, aux objets, mais aussi aux personnes et aux concepts, pour les voir sous un autre jour. Débarrassée du jugement sur les choses, elle était capable d'en capter intuitivement le passé, le présent et le futur, autour des valeurs qui étaient portées par l'objet. Elle avait choisi d'observer de cette manière un gros tronc d'arbre couché sur un amas de mousse. Elle en avait retiré des informations très intéressantes. Pour le passé de cet arbre, étaient venues les valeurs de stabilité et de présence. Pour son présent, c'était celles de richesse et d'expérience. Et enfin, pour les valeurs futures, l'utilité et la contribution à faire un monde plus beau. Lorsque Abigaëlle avait pris un peu de recul par rapport aux informations reçues, elle s'était rendu compte du sens que cela avait pour elle. C'était tellement évident qu'elle en était restée bouche bée.

Elle pouvait aussi appliquer cette technique de **Tridimensionnalité pour elle-même**. Exister, c'était savoir se reconsidérer soi et se donner la place que l'on méritait, en activant ses propres valeurs passées, présentes et futures. C'était aussi être capable de partager ses dons et ses capacités, en les exprimant dans ses activités au quotidien, personnelles ou professionnelles. Abigaëlle s'était assise sur un gros rocher, posée dans un coin tranquille. Elle était allée à la recherche de tout ce qui avait été bon dans son passé, tout ce que les gens avaient apprécié d'elle. Puis, elle avait placé sa conscience sur le Maintenant, pour constater simplement tout ce dont elle était porteuse comme qualités d'être, tout ce qu'elle estimait qu'on aimait d'elle et tout ce qu'elle appréciait d'elle. Enfin, elle s'était connectée à un futur possible pour se laisser envisager toutes les rencontres qu'elle pourrait faire, tous les beaux projets qu'elles souhaiteraient réaliser, tout ce en quoi elle pourrait contribuer pour rendre le monde meilleur. Elle était restée un moment en méditation sur son rocher. C'était tellement agréable de vivre cette expérience qu'elle voulait en profiter pleinement, laissant les doux rayons du soleil réchauffer agréablement sa peau.

Abigaëlle arrivait également à la fin de la lecture de son livre sur la sophrologie. Le dernier chapitre parlait des valeurs. Elle l'avait sorti de son sac et commençait à le lire, comme si cette lecture finalisait quelque chose.

« La valeur ontologique est la base qui nous structure en tant qu'individu. Le Soi est constitué de quatre dimensions, le corps, l'esprit, la conscience énergétique et l'âme. Ce soi, selon John Firman, est « l'être le plus profond », le « je suis qui je suis », personnel et universel. Le Soi est le principe organisateur de la vie, l'Imago Dei de Jung. Il vise à l'épanouissement de l'individu grâce aux multiples potentialités qui existent en lui. Il contient une sagesse éternelle. En prenant conscience de cette valeur ontologique et en souhaitant la développer, celle-ci nous emmène vers l'expérience de valeurs plus radicales, plus profondes, contenues dans le corps lui-même. La connaissance de notre biologie de manière vivantielle, et la capacité à savoir mobiliser la force qui réside dans notre cœur, notre cerveau, nos organes, nous permettent de mobiliser l'énergie de vie que tout être humain est. »

Aujourd'hui, ce texte faisait sens pour Abigaëlle. Elle avait vraiment pris conscience de l'importance du corps et savait mieux cohabiter avec lui. Elle en avait appris son langage.

« La valeur de l'esprit, constitutif du Soi, se manifeste par l'acceptation d'exprimer notre présence en ce monde, d'en manifester ses désirs et ses rêves, au gré de ce qui fait pétiller notre cœur. Elle se révèle aussi par notre imagination, notre créativité, le partage de nos dons innés. La valeur de l'âme se touche grâce à la faculté de contemplation. Elle participe au

sentiment d'amour et de joie dans ce que l'on fait. Faire ce que l'on aime et aimer ce que l'on fait, nous aide à fortifier le sentiment de foi en soi, foi en la vie, foi en l'avenir. Elle se révèle dans la tendresse, l'affection, l'amitié, ou encore l'attention que l'on partage avec soi et avec les autres. La conscience nous sert à mobiliser l'énergie pour concrétiser les désirs de l'âme. En sophrologie, ce sont les techniques des cycles radical et existentiel qui permettent de conquérir et de développer ces quatre dimensions du Soi, pour qu'elles existent en cohérence et en unité. »

Abigaëlle savait qu'il y avait une suite possible dans la méthode sophrologique, mais à l'époque où Me Durand le lui avait expliqué, elle n'avait pas tout saisi. Elle comprenait mieux maintenant ce que pouvaient être cette suite et son intérêt. La fin du chapitre parlait des valeurs essentielles pour que l'être existe en tant que tel.

« *Quatre valeurs sont essentielles à l'existence de tout être. Si l'une de ces qualités premières lui est retirée, l'être ne peut pas être, parce qu'elle constitue l'essence même d'une existence vécue en pleine présence. Ce serait comme si l'on retirait une des molécules qui composent l'eau, l'hydrogène ou l'oxygène. L'eau ne serait plus de l'eau. Ces valeurs sont la liberté, la temporalité, la responsabilité et la dignité.* »

Pour Abigaëlle, la liberté, c'était la possibilité de choisir entre différentes possibilités. Elle savait que le choix créait sa réalité, et qu'il ne pouvait pas y avoir de non-choix. Même si quelqu'un disait qu'il ne pouvait pas choisir, il faisait le choix de ne pas choisir. La temporalité était une manière d'intégrer sa vie dans une dimension temporelle et spatiale. Abigaëlle avait compris que lorsqu'elle arrivait à sortir de la pression du temps linéaire et chronologique, elle pouvait avoir accès à un espace infini de réalités différentes. Le choix lui permettait alors de vivre la réalité qu'elle avait envie de vivre. Elle savait aussi que c'était de sa responsabilité de choisir ce qui pouvait créer plus dans son monde, d'être attentive aux pensées qu'elle avait, aux mots qu'elle utilisait, aux actions qu'elle menait. Elle avait conscience que sa première grande responsabilité, c'était en envers elle, celle de se protéger, de se respecter et de s'aimer. Cette responsabilité, elle l'assumait pleinement et c'était vraiment très léger pour elle. Abigaëlle se rendait compte qu'elle avait de plus en plus de respect envers elle, ainsi que pour les gens qu'elle côtoyait et pour la nature. Même quand il lui arrivait de se mettre en colère, elle était devenue capable de transformer l'énergie de cette colère en énergie d'affirmation. Ce qui lui permettait, assez rapidement, de retrouver une clarté d'esprit, afin de choisir les meilleures actions pour gérer la situation, cause de l'irritation. Elle en était très fière, même si certaines personnes ne comprenaient rien à ce qu'il se passait. C'est dans ces moments où elle ressentait un fort sentiment de dignité envers elle.

 « *Nous pouvons aussi considérer les valeurs structurelles. Elles construisent et organisent notre manière d'exister dans le monde. L'individualité met en avant notre côté unique en tant qu'être humain, nos savoir-faire spécifiques, notre état d'esprit, notre manière de vivre notre vie. Cette valeur nous permet d'être reconnus dans les groupes dans lesquels nous agissons. La valeur de la groupéité nous invite à considérer la manière dont nous fonctionnons dans notre couple, notre famille, avec nos amis, ou dans notre milieu professionnel. La valeur de la société met en avant le rôle que nous pouvons jouer dans cette société, un rôle professionnel, social ou encore associatif. Nous avons une place à prendre pour contribuer à l'évolution de notre humanité. La valeur de l'humanité, d'ailleurs, est à la base de l'humanisme, considérant que tout ce qui représente un bien pour l'être humain est valable. La valeur de l'universalité nous fait prendre conscience que, même si nous avons des spécificités qui nous rendent uniques, nous faisons partie d'un grand ensemble dans lequel nous sommes interreliés. Si nous voulons réussir, comme à bord d'un raft, nous avons intérêt à pagayer dans le même sens, à vouloir aller dans une même direction, celle d'une évolution positive de notre univers. Enfin, les valeurs transcendantales nous font vivre ces moments d'éternité, d'infinité et de sacré en soi. Nous nous sommes trop souvent refermés dans notre petitesse, oubliant la grandeur de notre âme et de notre infinitude. Nous avons oublié que nous étions des êtres sacrés, nous laissant parfois malmener par d'autres, alors que notre premier devoir envers nous-mêmes serait de nous affirmer dans l'être infini que nous sommes.* »

Abigaëlle s'était sentie, tout d'un coup, prise d'un vertige. Elle avait l'impression que tout tournait autour d'elle. C'était comme si certains mots avaient réveillé des parties d'elle-même qui n'attendaient que cela. Bien assise sur son rocher, elle avait posé le livre. Elle avait commencé à prendre des respirations profondes, tout en ayant placé ses mains sur son cœur. Elle avait l'impression d'être dans une boîte trop petite, comprimée à l'intérieur d'un corps trop limité. C'était étrange, de vivre en même temps, la sensation d'être dans une légèreté libre et infinie, et la sensation de compression à l'intérieur du corps. Mais elle n'avait pas peur. Elle cherchait juste à savoir ce qu'elle pourrait faire dans cette situation. Une voix intérieure lui avait alors soufflé l'idée qu'elle avait simplement à choisir et à laisser être. Abigaëlle avait alors fait le choix d'exister le plus pleinement possible dans sa nouvelle réalité. À ce moment précis, une lumière resplendissante l'avait entièrement enveloppée.

Table des matières

Chapitre I 7
Le déclic 7

Chapitre II 13
Faire la part des choses 13

Chapitre III 17
Rencontre avec la sophrologue 17

Chapitre IV 23
La sophrologie, tout un programme ! 23

Chapitre V 31
Apprendre la détente du corps pour mieux vivre la détente mentale 31

Chapitre VI 35
La conscience, une connaissance et une perception de soi .35

Chapitre VII 45
La conscience, un état d'esprit qui détermine nos attitudes et nos comportements 45

Chapitre VIII 51
La conscience, une force, une énergie 51

Chapitre IX 55
Apprendre à évacuer le « négatif » pour apaiser le corps et l'esprit 55

Chapitre X 61
La conscience a toujours évolué et elle évoluera toujours ! .61

Chapitre XI 71
Et le XXIe siècle alors ? 71

Chapitre XII 79
Apprendre à mobiliser l'énergie de la biologie pour en favoriser la santé 79

Chapitre XIII 87
Le tsunami émotionnel 87

Chapitre XIV 91
La volonté d'exister 91

Chapitre XV 97
Flânerie à Fontainebleau 97

Chapitre XVI 103
L'incident 103

Chapitre XVII 107
La conscience du Maintenant 107

Chapitre XVIII 111
L'état d'esprit positif 111

Chapitre XIX 119
L'ouverture aux possibles 119

Chapitre XX 123
Le sentiment d'amour, base de l'estime de soi 123

Chapitre XXI 129
Le doute 129

Chapitre XXII	135
Quand l'histoire devient une force	135
Chapitre XXIII	139
Un moment de pause	139
Chapitre XXIV	145
La sortie de l'ombre	145

A vous maintenant...

Devenez le héros, l'héroïne de votre propre histoire !

Faites une expérience captivante !

Utilisez l'histoire d'Abigaëlle pour faire évoluer votre propre histoire. Prise de conscience, réflexions et expérimentations seront les ingrédients de votre évolution personnelle.

Programme en cinq actes pour aller de l'angoisse à la béatitude

Réflexions et Compréhensions

Pour chaque chapitre, noter dans un carnet de bord intime :

- Ce que ce chapitre évoque pour vous par rapport à votre manière de fonctionner
- Ce que vous aimeriez changer dans votre manière d'aborder la vie, dans votre état d'esprit, pour créer une vie plus positive et joyeuse
- Comment vous pourriez vous y prendre pour réaliser ce changement. Un exercice à faire ? Une action à mener ? Un choix à prendre ? Un bon moment à s'octroyer ?

Expériences et Prises de Conscience

Acte 1 : Choisir de faire autrement que ce que vous avez toujours fait

- ✓ Vous concentrer sur votre respiration, le mouvement du corps, à chaque inspiration, à chaque expiration - p. 32

- ✓ Suivre le flux de l'air qui entre et qui sort - p. 33

- ✓ Détendre le corps et l'esprit - *La Sophronisation de Base* - p. 34
    - o Installez-vous confortablement. Fermez les yeux. Prenez conscience de la forme, dimension et position de chaque partie du corps, avant de les détendre : tête et visage – gorge, nuque, épaules, bras et mains – thorax à l'avant et à l'arrière – abdomen avant et arrière – bassin, jambes, pieds et orteils. Prenez un moment de pause silencieuse, 3 à 5 minutes, pour profiter des bienfaits ressentis dans le corps. Puis, étirez-vous plusieurs fois de suite, pour redynamiser le corps et l'esprit, avant d'ouvrir les yeux et de poursuivre vos activités. Vous pouvez aussi le faire le soir au coucher pour faciliter votre sommeil. Dans ce cas, vous faites la partie « détente » le soir, et la partie « étirement » le matin.

Acte 2 : Devenir acteur du bien-être de votre corps

- ✓ Libérer vos zones d'angoisse - *Le Sophro-Déplacement du Négatif* - p. 54 à 57

- o Repérez les inconforts physiques, les tensions, les émotions inconfortables, les pensées parasites. Contactez-les bien. Mettez l'intention de les évacuer à l'extérieur de vous. Soufflez fort et longtemps par la bouche, comme si vous souffliez sur une bougie pour en éteindre la flamme, plusieurs fois de suite.

  Précautions ! Si vous avez des tendances à l'asthme, freinez votre expiration, en gonflant les joues, et en ne laissant l'air sortir que par à-coups, avec douceur, comme le « Tchou Tchou » d'un train.
  Si vous avez tendance à la spasmophilie, allongez votre temps expiratoire. Expirez en comptant jusqu'à minimum 8 secondes, pour favoriser une plus grande détente.

- ✓ Mobiliser l'énergie de votre corps - *La Sophro-Activation Vitale* - p. 78 à 82
  - o Après avoir détendu le corps, de la tête jusqu'aux pieds, placez votre attention dans une partie du corps de votre choix, le thorax, l'abdomen, ou encore les jambes, par exemple. Essayez de prendre conscience des muscles, des tissus, de la circulation sanguine, de la chaleur, de son énergie. En rythmant votre intention à la respiration, commencez par mobiliser l'énergie présente, à chaque inspiration, à chaque expiration, pour la réveiller, pour l'activer. Faites l'exercice pendant environ 2 à 3 minutes. Arrêtez

ensuite l'activation. Prenez une pause d'environ 3 à 5 minutes, pour savourer et apprécier les effets de l'exercice. Remobilisez l'ensemble du corps en vous étirant plus activement. Et poursuivez votre activité.

- ✓ Vous concentrer sur un élément minéral ou végétal – *La Sophro-Concentration* - p. 106
    - o Installez-vous dans un endroit naturel de votre choix, votre jardin, un chemin de forêt, … Choisissez un objet minéral ou végétal qui vous attire par sa beauté, sa simplicité ou qui vous plaise bien, tout simplement. Observez, pendant 2 à 3 minutes, ses détails, sa forme, ses contours, dessus, dessous, sur les côtés, sa texture, ses couleurs. Maintenez toute votre concentration sur cet objet. Ensuite, profitez des effets positifs que l'objet procure en vous, du calme, de la paix, de la joie, ou tout autre sentiment agréable ressourçant.

- ✓ Respirer en accord avec votre corps – *La Sophro-Respiration Synchronisée* - p. 107
    - o Prenez un moment pour détendre le corps et l'esprit. Concentrez-vous sur votre respiration. Entamez une respiration synchronisée à un comptage. Inspirez en 3 secondes. Faites une pause respiratoire en 4 secondes. Expirez en 5 secondes. À nouveau, une pause respiratoire en 4 secondes. Recommencez l'ensemble de l'exercice plusieurs fois de suite, jusqu'à ce que vous

constatiez que votre mental s'est calmé et que la tranquillité est revenue en vous.

Si vous avez tendance à l'asthme, ne faites pas de pause respiratoire.

- ✓ Protéger votre corps de l'angoisse – *La Sophro-Présence du Positif* - p. 107
    - o Installez-vous confortablement dans un endroit agréable. Pensez à quelque chose qui vous procure de la joie, de l'harmonie ou de l'amour. Laissez ces sentiments s'inviter à l'intérieur de vous, grâce à la respiration. Imaginez qu'à chaque inspiration, vous remplissez le corps de ce positif, plus particulièrement dans les parties qui en ont le plus besoin. À chaque expiration, vous diffusez ce positif dans chaque coin et recoin du corps. Faites l'exercice pendant 2 à 3 minutes. Constatez les bienfaits en vous.

- ✓ Comment les mots utilisés influencent l'énergie de votre corps - p. 113

- ✓ Comment les pensées et les images influencent les possibilités de votre corps - p. 114 à 115

- ✓ Se protéger de l'angoisse des autres grâce à son champ de perception – *La Relaxation Dynamique 2* - p.118
    - o Installez-vous dans une position assise agréable. Imaginez-vous être dans une bulle transparente, qui vous entoure d'environ 1,20 mètre. Essayez

de la percevoir de manière équilibrée, avant et arrière, droite et gauche, haut et bas. Cette bulle a une forme ovoïde et elle est perméable à l'air. Lorsqu'elle est placée harmonieusement, commencez à l'élargir à la pièce, puis à l'immeuble, puis à la Terre, et enfin, à l'Univers. Laissez-vous baigner dans le sentiment présent d'être infini et profitez de la plénitude que cela procure. Rapprochez maintenant progressivement cette bulle de l'Univers à la Terre, puis l'immeuble, la pièce, et enfin, à environ 1 mètre tout autour de vous. Ressentez la densité présente. Elle doit être agréable. Si vous sentez qu'elle est trop forte, élargissez à nouveau cette bulle jusqu'à ce que cela soit confortable. En fonction de votre activité du jour, élargissez ou resserrez votre champ de perception, pour qu'il vous soit bénéfique. Si vous êtes dans un magnifique paysage, élargissez au maximum la bulle, pour profiter pleinement des sensations que ce paysage vous procure. Si vous êtes dans un environnement toxique, resserrez votre bulle pour vous protéger des émotions, du stress et de l'angoisse des autres.

Acte 3 : Donner un autre sens à son futur

- ✓ Savoir demander pour créer un futur différent – *La Relaxation Dynamique 2* - p. 117
    - o Placez-vous dans un endroit tranquille. Asseyez-vous le dos bien droit, le poids du corps reposant

sur les fessiers. Prenez quelques respirations profondes pour détendre le corps et l'esprit. Réfléchissez à ce que vous souhaiteriez obtenir pour vous-même, en termes de gain, de capacités ou d'état d'être. Voulez-vous vivre plus de joie intérieure ? De sérénité ? D'amour ? Exprimez-en maintenant la demande, que vous allez rythmer à votre respiration. Exprimez en silence la phrase : « Je demande à vivre de la joie en moi » pendant l'inspiration, puis pendant l'expiration, plusieurs fois de suite. Exprimez maintenant la même demande pour les êtres chers. Pendant l'inspiration, prononcez mentalement la phrase : « Je demande que les êtres qui me sont chers vivent de la joie en eux ». Pendant l'expiration, répétez intérieurement cette phrase. Enfin, faites l'exercice avec la phrase : « Je demande que tous les êtres humains sur terre puissent vivre de la joie en eux », en la rythmant avec la respiration. Prenez le temps d'apprécier les effets produits en vous.

- ✓ Trouver les ressources pour y arriver – *La Sophro-Programmation Future* - p. 119
  - o Installez-vous confortablement, dans la position qui vous convient le mieux. Relaxez votre corps, calmez votre esprit. Imaginez-vous dans le futur, dans un délai assez lointain pour que cela soit facile à faire, peut-être quelques mois à quelques années ; l'idée étant que le mental ne puisse pas créer d'obstacles à la visualisation. Dans ce futur,

vous avez réussi à dépasser toutes vos angoisses et vos anxiétés. Vous avez réussi à gagner en harmonie et en sérénité. Représentez-vous dans une rencontre avec des amis, de la famille, des êtres que vous aimez bien. Dans ce futur, vous allez vous voir en train de raconter à ces personnes comment vous avez fait pour en arriver à cette harmonie, par quelles étapes vous êtes passé, les obstacles que vous avez dépassés, les stratégies que vous avez mises en place, … Laissez les idées venir naturellement. Lorsque vous pensez avoir terminé, prenez un moment de pause silencieuse avec vous-même, savourant les bénéfices de cette visualisation, sachant combien de ressources se trouvent en vous, et la possibilité d'y avoir accès intentionnellement et consciemment pendant ces exercices. Remobilisez le tonus du corps et de l'esprit par des étirements dynamiques, les jambes, les bras, l'ensemble du corps. Poursuivez vos activités en conservant toutes les agréables sensations qui viennent d'être vécues.

- ✓ Créer une vie sereine pour son futur – *La Sophro-Acceptation Progressive* - p. 119
  - o Choisissez une situation qui habituellement vous angoisse lorsque vous y pensez. Préparez-vous physiquement et mentalement, en décontractant le corps et en apaisant l'esprit, et quelques moments de respiration. Effectuez un déplacement du négatif à l'extérieur de vous.

Plongez ensuite dans votre corps pour en animer la vie, l'énergie et une douce et agréable chaleur. Projetez-vous maintenant dans 1 an ou dans 2 ans, dans la situation choisie, en imaginant la vivre de manière totalement calme et sereine. Pas d'obstacle. Pas de difficulté. Mais de l'aisance, de la joie, du bonheur, de la grandeur d'être. Imaginez dans ce futur plus lointain, être dans un état d'esprit de réussite dans cette situation. Maintenez cette visualisation du futur pendant quelques minutes. Laissez ensuite partir les images, tout en gardant les ressentis agréables en vous et revenez au présent. Continuez d'alimenter et d'activer les sentiments positifs grâce à votre inspiration. Quand vous avez terminé, réveillez tout le corps par des étirements, et poursuivez vos activités de manière sereine.

- ✓ Alimenter son futur de bonnes ondes – *La Sophro-Stimulation Projective* - p. 120
    - o Installez-vous dans un endroit calme et tranquille, en position assise. Concentrez-vous quelques instants sur votre respiration, le flux de l'air qui entre et qui sort, afin de détendre le corps et de recentrer l'esprit. Choisissez de vous projeter dans une journée de la semaine qui vient. Ce pourrait être demain, dans deux jours, dans six… Imaginez-vous en train de vous réveiller le matin, après avoir passé une bonne nuit de sommeil. Le corps est ressourcé, l'esprit

est frais et dispo. Activez la vie en vous grâce à la respiration, en imaginant la vitalité et le dynamisme se réveiller dans tout le corps. La journée commence bien ! Envisagez le déroulement de cette journée, porté par le calme, l'harmonie, la plénitude, quelles que soient les actions prévues, connues et inconnues. Stimulez les sentiments positifs dans cette journée à venir, la manière dont vous aimeriez la vivre, de la facilité, de l'attention, de la bienveillance, … Vivez votre propre expérience. Lorsque vous avez réussi à contacter et à mobiliser toutes ces bonnes choses en vous, vous allez en remplir chaque cellule du corps grâce à l'inspiration. Faites le plein de tout ce positif dans chacun de vos systèmes anatomiques… Tête et visage, cou, épaules et bras, mains, thorax, abdomen, bassin, jambes et pieds. À chaque inspiration, nourrissez votre corps de ce positif protecteur. À chaque inspiration, chargez votre batterie, pour que le corps vous le rende lorsque vous serez dans la réalité de la journée choisie. Prenez le temps de profiter de ce moment agréable. Puis remobilisez tout votre corps et votre esprit, par la respiration et l'étirement. Devenez observateur de votre journée réelle lorsque vous y serez et constatez ce qu'elle aura de différent par rapport aux autres journées. Profitez-en bien !

Acte 4 : S'appuyer sur les forces de son histoire

- ✓ Se souvenir de bons moments pour vivre joie, sérénité et paix - *La Sophro-Mnésie Libre* - p. 134
    - o Prenez un moment pour vous et installez-vous confortablement. Relaxez bien tous vos muscles, de la tête jusqu'aux pieds. Respirez profondément. Conservez une concentration présente à ce que vous vivez. Mettez l'intention de laisser remonter un bon moment de votre passé, peu importe le délai. Ce pourrait être hier, il y a quelques semaines, ou encore quelques mois. C'est un moment que vous avez vécu, qui vous a procuré de bonnes sensations, dans lequel vous étiez heureux, joyeux, ou encore, tranquille, serein. Lorsque vous commencez à avoir des images de ce souvenir, replongez dedans. Revivez le moment où cela se passait, dans l'année, dans la journée. Retrouvez les personnes présentes. Gardez à l'esprit que c'est un bon moment de votre histoire. Pas besoin de nostalgie. Juste cette possibilité de se le remémorer, pour en revivre les bonnes sensations. Quels sont les sentiments positifs que vous retrouvez et qui vous font du bien ? Nourrissez tout votre corps et votre esprit de ces bonnes choses, pendant 3 à 5 minutes. Puis, rangez ce bon souvenir dans un coin de votre mémoire. Remobilisez bien tout votre corps. Réveillez votre esprit, avant de poursuivre vos activités.

- ✓ Méditer sur tous les pas qui mènent vers la réussite - *La Relaxation Dynamique 3* - p. 136

- Placez-vous en position debout, dans une posture de stabilité, les pieds écartés de la largeur du bassin. Déverrouillez légèrement les genoux et rentrez le bassin. Prenez conscience du dessous de vos pieds et de leur appui sur le sol. Relâchez les muscles de la tête jusqu'aux pieds, en conservant la juste tension nécessaire pour maintenir cette posture debout. Préparez-vous mentalement à faire un premier pas. Mais avant cela, inspirez par le nez, douce tension de tout le corps, expirez par la bouche et relaxez dans la posture. Placez le poids du corps sur le pied gauche pour mieux le percevoir et revenez au centre de vos pieds. Avancez le pied gauche, le pied droit le rejoint. Réfléchissez à tous les premiers pas que vous avez faits dans la vie, dans la réalisation de projets qui vous tenaient à cœur… le déséquilibre nécessaire pour avancer, avant de retrouver un nouvel équilibre. Méditez quelques instants sur ce sujet. Préparez-vous à réaliser un deuxième pas. Mais avant cela, inspirez, douce tension de tout le corps, expirez par la bouche et relaxez dans la posture. Placez le poids du corps sur le pied droit et prenez-en conscience. Replacez le poids du corps au centre des deux pieds. Puis avancez en conscience le pied droit, le pied gauche le rejoint. Méditez quelques instants sur le choix de poursuivre un chemin vers l'harmonie, l'assurance qui peut se gagner au fur et à mesure d'une réalisation, la sérénité que l'on peut obtenir si l'on se fixe ce but grâce à sa persistance. Préparez-vous au troisième pas. Inspirez, douce tension de tout le corps, expirez par la bouche, et relaxez le corps. Prenez conscience de votre pied gauche, en plaçant le poids du corps dessus, puis revenez au centre. En conscience, avancez votre pied gauche, le droit le retrouve. Contemplez le chemin parcouru, tout ce qui est derrière vous, et qui pourtant, a contribué à vous mener jusqu'à aujourd'hui. Tous les pas que vous pouvez faire avec davantage d'harmonie, de sérénité et de plénitude. Lorsque vous avez terminé, asseyez-vous et profitez des effets bienfaisants que vous vivez intérieurement. Pensez à l'espoir retrouvé dans la réalisation de beaux projets, de toutes ces nouvelles possibilités qui s'offrent à vous, de l'harmonie que vous apprenez à installer encore plus profondément dans votre être. Après avoir redynamisé le corps et l'esprit, poursuivez vos activités avec un nouveau regard, celui de la réussite.

- ✓ Réunir passé/présent/futur en un espace d'unité – *La Sophro-Stimulation Sensorielle* - p. 136
  - o En position debout, portez votre attention dans le ici et maintenant. Étirez votre corps à l'inspiration, en levant les bras à la verticale, douce tension de tout le corps, puis expirez en redescendant doucement les bras, pour revenir à un état de détente complet. Faites l'exercice 3 fois de suite. En position assise, après avoir bien

relâché les jambes, le visage et les bras, prenez conscience des sensations agréables présentes en vous et stimulez-les avec votre inspiration. Laissez maintenant remonter un bon moment du passé, dans lequel ces sensations agréables ont été vécues. Revivez-les pleinement aujourd'hui. Puis, rangez le souvenir positif dans un coin de votre mémoire. Projetez-vous maintenant dans le futur, toujours en conservant les mêmes sensations, comme si ces sensations étaient un fil rouge reliant passé, présent et futur. Laissez venir des images agréables d'un futur possible, dans lequel vous êtes en train de vous voir vivre toutes ces bonnes choses, même si vous n'avez pas beaucoup d'images. Stimulez avec votre inspiration, toutes les possibilités en devenir, toutes les rencontres que vous pourriez faire et qui pourraient vous procurer ce même genre de sensations. Revenez ensuite au présent, et tout simplement, profitez !

Acte 5 : Redorer son blason personnel

- ✓ Marcher avec le regard de la liberté – *La Relaxation Dynamique 4* – p. 143
    - o Prenez un moment pour vous. En position debout, dans votre posture de stabilité, prenez le temps de détendre le corps et l'esprit, grâce à la respiration. Évacuez tout inconfort que vous pourriez avoir grâce à l'expiration, plusieurs fois de suite. Dynamisez votre énergie grâce à

l'inspiration dans l'ensemble du corps. Choisissez maintenant une valeur qui est importante pour vous, dont vous auriez besoin dans votre vie d'aujourd'hui. Par exemple, la valeur de l'individualité ou de la fraternité, la valeur du respect ou celle de l'autonomie, ou encore, la valeur de l'éternité ou celle de l'infinité. Portez l'intention de réveiller cette valeur dans votre corps. Commencez par contracter le bas du corps, puis relaxer. Contractez le haut du corps, incluant les bras et les mains. Relaxez. Contractez cou et visage et relaxez. Montez vos bras vers le ciel, en les plaçant en V, la tête placée légèrement en arrière. Respirez librement. Essayez de vous connecter avec la valeur choisie, qui existe aussi dans la conscience collective, pour vous nourrir de celle-ci. Maintenez la posture et l'intention pendant quelques instants. Puis redescendez doucement les bras, paumes tournées vers le corps, à 5/10 centimètres, en passant devant le visage, la gorge, le thorax, l'abdomen, le bassin et dirigeant ensuite le bout des doigts vers les pieds. C'est une manière d'incorporer les informations, les impressions qui ont été captées. Enfin, dans ce niveau de conscience éveillée, ouvrez les yeux, et décidez d'aller faire une balade dans la nature, avec le regard de la liberté et de la valeur que vous avez choisie. Profitez pleinement !

- ✓ S'unir à la Nature pour mieux se reconnecter avec Soi - *La Tridimensionnalité Externe* – p. 143
  - o Installez-vous confortablement dans un endroit naturel. Choisissez un objet sur lequel vous allez méditer. Après avoir calmé votre respiration, et détendu votre corps et votre esprit, concentrez-vous quelques instants sur cet objet. Observez sa forme, sa dimension, sa texture. Laissez ensuite venir intuitivement le passé de cet objet. D'où vient-il ? Comment s'est-il créé ? Quelle était son utilité ? Les valeurs qu'ils portaient alors ? Maintenant, méditez sur le présent de cet objet. À quoi sert-il ? Quelles sont les valeurs qu'il porte aujourd'hui ? En quoi peut-il vous être utile ? Enfin, méditez sur son futur. Laissez-vous toujours recevoir les informations positives de manière intuitive. N'essayez pas de rationaliser. Quelle pourrait être le futur de cet objet. À quoi pourrait-il servir ? Avec quelles valeurs pourrait-il contribuer à ce monde ? Prenez le temps de noter toutes les informations reçues : les valeurs passées, les valeurs présentes, les valeurs futures. Observez les réponses et faites du lien avec votre histoire.

- ✓ Reconnaître sa valeur personnelle - *La Tridimensionnalité Interne* – p. 144
  - o Choisissez un endroit tranquille. Installez-vous en position assise. Concentrez-vous sur votre respiration et détendez le corps et l'esprit. Évacuez tout stress qui pourrait être présent

grâce à l'expiration. Plongez dans le corps en essayant de percevoir l'énergie. Calmez-la avec l'expiration ou animez-la avec l'inspiration. Étirez votre corps plusieurs fois de suite, puis placez votre conscience à nouveau dans le calme et la présence à vous-même. Méditez maintenant sur tout ce qui a été bon dans votre passé, tout ce que les gens ont apprécié de vous, tous les bons moments que vous avez passés, toutes les valeurs que vous avez portées. Méditez maintenant sur le présent. En mettant de côté tout ce qui pourrait être négatif, constatez les qualités d'être qui vous animent, ce que vous aimez de vous, ce que les autres apprécient en vous. En imaginant un futur possible, envisagez toutes les belles rencontres que vous pourriez faire, tous les merveilleux projets que vous pourriez réaliser, tout ce en quoi vous pourriez contribuer pour rendre le monde meilleur, toutes les valeurs que vous pourriez exprimer. Prenez le temps de vivre cette expérience fortifiante pour votre être, de savourer les sentiments présents, de l'harmonie, de la plénitude, de la sérénité profonde. Vous vivez votre propre expérience.

Voilà ! Cette expérience se termine. J'espère qu'elle vous a plu. Faites-moi part, si vous le souhaitez, de vos témoignages, de votre expérience, de la manière dont vous avez utilisé ce livre.

Mon conseil :

Prenez le temps de pratiquer les exercices proposés dans ce programme en cinq actes, 10 à 15 minutes tous les jours. Notez les prises de conscience que vous avez faites dans votre carnet intime. Vous constaterez vite les progressions et les bénéfices atteints.

Et surtout… Amusez-vous bien !

Vous pouvez aussi vous doter du livre audio « Je me libère de mes angoisses - 1 jour, 1 action - Petits trucs au quotidien » - Éditions Voolume. Ce sont des exercices guidés de moins de 10 minutes, que vous pouvez pratiquer chaque jour, sur une période de 30 jours.

Bibliographie

- Sophrologie – Fondements, Dr Patrick-André Chéné, Editions Ellébore Paris, 4ᵉ édition actualisée, 2001

- Sophrologie - Champs d'application, Ouvrage collectif sous la direction du Dr Patrick-André Chéné, Editions Ellébore Paris, 1999

- Le Prophète, Khalil Gibran, Le livre de poche, 1993

- Cerveau et conscience - De la matière à l'esprit, Dr Raymond Abrezol, Editions Bernet-Danilo, 1999

- Lumières d'étoiles, les couleurs de l'invisible, André Brahic et Isabelle Grenier, Ed Odile Jacob, 2008

- La guérison spontanée des croyances, Gregg Braden, Ariane, 2009

- Le pouvoir subtil de l'abus spirituel, David Johnson et Jeff Van Vonderen, Les éditions Jaspes, 1991

- Jeux de manipulation, Alain Cardon, Les éditions d'organisation, 1995

- Paroles du Dalaï Lama aux femmes, Catherine Barry, Editions du Rocher, 2009

- Prendre soin de l'être, Philon et les Thérapeutes d'Alexandrie, Jean-Yves Leloup, Albin Michel, 1993

- Apprivoiser son ombre, Jean Mombourquette, Novalis Nouvelles Editions, 1991

- Le Christ philosophe, Frédéric Lenoir, Plon, 2007

- Socrate, Jésus, bouddha, trois maîtres de vie, Frédéric Lenoir, Fayard, 2009

- Les outils de base de l'analyse transactionnelle - Pour développer l'énergie des individus et des organisations, Dominique Chalvin, ESF éditeur, 1996

- Les nouveaux outils de l'analyse Transactionnelle - Pour réussir avec les autres, Dominique Chalvin, ESF éditeur, 2003

- Pour une typologie du nouvel âge, Martin Geoffroy, Ph.D. sociologie, professeur adjoint, Collège universitaire de Saint-Boniface (université de Manitoba), Article publié dans la revue Cahiers de recherche sociologique - no 33 - 1999, pp. 51-83.

Montréal : Département de sociologie, UQAM.

- B. Montagnes, La doctrine de l'analogie de l'être d'après saint Thomas d'Aquin, Paris, Vrin, 1963, rééd. 2008.

Version originale :
http://metataphysica.free.fr/EtudesetConferences/Bernard%20Montagnes%20analogia%20entis.pdf

- Le Monde des Religions - La conscience : au-delà du cerveau, Jocelin Morisson, n°39, Janvier/Février 2010, pp. 32 à 35

- Sois toi et change le monde, Dr Dain Heer, Le courrier du Livre, 2016

De la même Auteure

Nouveautés mai 2019

Livre Audio - Je me libère de mes angoisses – 1 jour, 1 action – Petits trucs au quotidien – Editions Voolume

Aux Editions BoD
- Réveille-toi ! – Conte philosophique pour 10-12 ans - 07/2018
- Quand nous nous retrouverons – Roman Initiatique d'Amour – 12/2016

Aux Editions Solar
- Quatre étapes et je lâche prise – Tutos – Préfacé par Frédéric Lenoir – 02/2015
- Plonger au cœur de soi même quand cela semble impossible – Réflexions et pratique – 02/2014

Aux Editions Baudelaire
- Il était une fois une histoire d'âme - Nouvelle – 11/2010

Aux Editions Ao Vivo – Livre Audio
- Il était une fois une histoire d'âme – Format Kindle – 07/2013

Aux Editions Voolume – Livre Audio
- Sophrologie - Les Relaxations Dynamiques 1 à 4 – Réflexions et exercices guidés – 06/2018
- Sophrologie et Vitalité – Réflexions et exercices guidés – 09/2016
- Sophrologie, La dimension mentale, une histoire de pensées – Réflexions et exercices guidés – 12/2015
- Je lâche prise – Méditations guidées – 05/2015

- Sophrologie, La dimension corporelle, un chemin vers soi – Réflexions et exercices guidés – 03/2015

Consultante et formatrice depuis plus de 30 ans dans le domaine du bien-être et du développement personnel, Patricia Penot se place comme une facilitatrice à l'expression de Soi. Elle est Sophrologue Humaniste Expert, Coach en Apaisement Émotionnel EFT, Maître Reiki et Énergéticienne.

Patricia Penot est la fondatrice du Centre Évolution Formation Conseil et le dirige depuis 1999, après un parcours dans le domaine du soin pendant 15 ans, en tant qu'Infirmière spécialisée en anesthésie et réanimation, et cadre supérieure de santé. Aujourd'hui, elle forme aux métiers de Sophrologues, à l'EFT, et aux pratiques énergétiques. Elle accompagne les individus dans leur développement personnel et leur gestion du stress et de l'angoisse.

Le centre Évolution Formation est certifié Qualité par le Bureau Veritas en date du 10 janvier 2017.

Le Blog de l'Auteure : www.authentiqueetlibre.com

Les Formations Professionnelles :
www.evolutionsophroformation.com

Les Formations Énergétiques : www.reqilibre.com